진저

잘하게 되려면
일단 시작해야
합니다. 화이팅!

진저의 K-POP 영어

진저의 K-POP 영어

아주 쉬운 문장으로
자신 있게 **대화**하는
실전 영어 비법!

조향진(진저) 지음 · 쿠카코 그림

BTS
NCT127
Seventeen
GOT7
MONSTA X
BLACKPINK
Stray Kids
ITZY

베가북스
VegaBooks

추천사

솔직히 영어 공부를 좋아하는 사람이 몇이나 될까? 영어 교육학을 전공한 나도 영어가 '공부'라는 생각이 들면 정말 즐겁지 않다.

하지만 〈진저의 K-POP 영어〉는 즐기기 힘든 영어 공부를 정말 즐길 수 있게 만든다.

특히 산전수전 다 겪고 미국에 정착한 진저가 풀어주는 '현실적'이고 '실용적'인 표현들이 이 책의 압도적 백미.

진저는 교포도 아니고 원어민도 아니기 때문에 우리에게 가장 와닿는 책을 쓸 수밖에 없다.

영어에 대한 부담감을 내려놓고, 진정 영어를 즐겨보고 싶다면 이 도서를 펼쳐서 당장 읽어볼 것! 영어를 바라보는 관점이 달라질 거라고 확신한다.

영알남 유튜브 채널 '영알남(영어 알려주는 남자)YAN' 운영자

학습자들 대부분이 영어 공부에 실패하는 이유는 '재미가 없어서'이다. 영어 공부는 왜 재미가 없을까? 간단하다. 공부를 해도 나에게 돌아오는 즉각적인 유익이 없기 때문이다. 오늘 문법책 열심히 공부했다고 내일 입이 트이지는 않는다. 오늘 독해 문제집 몇 문제 열심히 푼다고 해서 내일 영어가 술술 읽히는 것도 아니다. 힘들게 공부를 해봐야 실질적으로 당장 나오는 게 없다고 느끼기 때문에 오래 못 가 포기하고 만다.

실재하는 유익인지 신기루같이 허상에 불과한 유익인지를 알아버리기도 전에 지쳐 나가떨어지는 학습자들. 그럼 어떻게 공부해야 할까? 영어 공부에 성공하고 싶다면 무조건 '실용적인 공부'를 해야 한다. 여기서 '실용적 공부'란 여러 가지로 해석할 수 있지만 크게 두 가지 유형으로 볼 수 있다. 첫째, 내가 '써야 하는 영어'를 공부하는 것. 둘째, 내가 '알고 싶은 영어'를 공부하는 것이다.

진저 님의 신간은 두 번째 유형, 내가 '알고 싶은 영어'를 쉽고 재미있게 알려주는 책이다. 진저 님이 운영하는 유튜브 채널 '진저 Jinger Cho'의 매력을 책에 고스란히 담았다. 내가 알고 싶은 연예인들의 실제 대화 내용을 가지고 쉽고 간단하게 영어를 익힐 수 있다. 표현 자체도 실용성 위주로 엄선되었지만, 공부를 하는 텍스트 자체가 연예인들의 실제 대화로 이루어져 있어 호기심과 흥미를 유발하기에 충분하다. 가벼운 마음으로 재미있게 이 책을 공부하다 보면 당장 '즐거움'이라는 유익을 누리게 될 것이다. 그리고 이 유익이 연료가 되어 계속 영어 공부를 이어 나가게 해줄 것이고 궁극적으로는 영어 학습에 성공하게 될 것이라고 확신한다.

김태훈 동시통역사, 유튜브 채널 'Bridge TV' 운영자 화제의 단어, '인싸'. 어딜 가나 '인싸'가 되고 싶은 우리. 여기 우리를 '글로벌 인싸'로 만들어 줄 책이 나왔다. 전 세계가 주목하는 케이팝 스타들의 해외 인터뷰로 영어를 공부한다니! 이게 공부인가, 덕질인가? 내가 한창 영어를 배울 때 이렇게 재미있는 책이 있었다면 얼마나 좋았을까?

나는 "영어를 잘하려거든 '어떻게' 공부할지보다 '왜' 공부하는지부터 분명히 하라"고 강조한다. 공부해야 할 명확한 이유나 사명이 없다면 아무리 좋은 방법을 안다고 한들 열심히 할 수 없을뿐더러 오래 할 수도 없다. 많은 이들이 그렇게 영어 공부에 실패한다.

이 책은 '공부의 내용'이 '공부의 이유'가 되어준다. 전 세계가 주목하는 스타들의 이야기를 이해하기 위해서, 자랑스러운 우리나라 대중가요가 해외에서 어떻게 소비되고 있는지 파악하기 위해서라도 보고 싶은 책이다. 한마디로 '봐야 할' 책이 아니라, '보고 싶은' 책이다.

허나 이 책이 케이팝을 미끼로 우리를 유인한다고 해도 책 속 알맹이가 실속 없다면 추천하지 않았을 테다. 그런데 미끼에 반해 책을 열어보니 알맹이는 더 근사하다. 기분 좋은 내용으로 영감을 불어넣는 영어 인터뷰 본문을 보여주고 주요 문장을 쏙쏙 뽑아 단어, 표현, 설명, 예문까지 잘근잘근 씹어먹게 해준다. 그것이 바로 '진저(Jinger)' 선생님의 특 강점! 참 '진저'스러운 콘텐트다. 동시에 '진저' 하면 Ginger, 즉 '생강'이 떠오르는데, '생강시럽다'는 경상도 사투리를 아는가? 이 사투리는 무엇인가 필요로 하던 중에 그 대상이 마침 유효 적절하게 생겼을 때의 느낌을 표현하는 말이다. 이 책, 참 생강시럽기도 하다. 인터뷰 내용을 통해 다양한 영어 표현뿐 아니라 자연스럽게 대화를 이끄는 방식과 재치 있고 매력적으로 리액션하며 답변하는 법까지 배워갈 수 있으니 말이다.

백날 CNN을 들어봐야 문어체 작렬인 앵커가 될 것도 아니고, 대본이 짜여 있는 미드만 주구장창 보는 것도 지겹다면, 실제 상황에서 벌어진 우리 스타들의 인터뷰를 들여다보는 게 어떨까? 이 책을 보는 시간만큼은 나도 스타인 양 혹은 스타와 대화하는 양 따라 말해볼 수 있을 것이다. 대체 케이팝 스타들이 영어로 무슨 말을 하고 다녔길래 해외에서 그 많은 덕후가 탄생했는지, 속속들이 이해하는 '글로벌 인싸'가 되어 보자. '인싸'는 결국 '소통'할 줄 아는 사람 아닌가! 남들 아는 거 나도 알고 싶고, 남들 웃을 때 나도 웃고 싶은 그대여, 참으로 진저스럽고 생강시러운 이 책으로 '소통'에 다가서 보자.

김아란 〈1년 만에 교포로 오해받은 김아란의 영어 정복기〉 저자
43만 구독자 유튜브 채널 'Aran TV' 운영자

들어가기 전에 한 마디 ——————————

저는 2016년 후반기부터 현재까지 유튜브 채널을 운영해오며 많은 영어 영상을 만들었습니다. 가장 인기가 많았던 콘텐트 중 하나는 케이팝 아이돌의 영어 인터뷰를 듣고 분석하는 영상이었습니다. 올렸다 하면 기본 10만 뷰가 나왔고, 개중에는 100만 뷰가 넘은 것도 있습니다.

폭발적인 인기의 비결은 영어에 크게 관심이 없던 사람들의 흥미를 자극했다는 점이었습니다. 좋아하는 스타를 주제로 만든 영상이라 클릭을 했는데 덤으로 영어 지식까지 얻었다, 그동안 어렵고 딱딱하다고 생각했던 영어가 말랑말랑하게 느껴져서 더 재미있게 공부할 수 있게 됐다, 같은 긍정적인 의견을 많이 들었습니다. 덕분에 이 주제로 책을 쓸 기회까지 얻게 되었습니다. (감사합니다!)

책에 나온 인터뷰 본문은 내용을 손상하지 않는 범위 내에서 표현이나 문법이 어색한 부분을 최대한 자연스럽게 수정을 했다는 점을 미리 알려드립니다. 케이팝 아이돌이 하는 일은 좋은 음악과 멋진 무대로 사람들을 즐겁게 만드는 것이지 완벽한 영어를 구사하는 게 아니기에 이들의 영어 실수가 흠이라고 생각하지 않습니다. 사실은 원어민 쇼 호스트의 어색한 영어를 고친 부분도 있습니다. (히히)

이는 영어가 완벽하지 않아도 소통하는 데는 큰 지장이 없다는 뜻이기도 합니다. 원어민조차 실수를 하는데 한국인은 영어 실수에 필요 이상으로 민감합니다. 그 때문에 울렁증이 심해지기도 하고요. 하지만 일단 말이 통한다면 자질구레한 실수에 대해서는 사서 걱정할 필요가 없습니다.

영어 공부를 꾸준히 하다 보면 차츰 실력이 늘어서 나중에는 실수를 점점 덜 하게 됩니다. 제 경험담입니다.

이 책이 딱딱하고 어려웠던 영어를 말랑말랑하고 재미있게 느낄 수 있도록 만들어준다면 정말 기쁘겠습니다. 즐거운 마음으로 재미있게 읽으면서 영어 공부 꼭 성공하세요. 화이팅!

조향진(진저)

페이지 가이드 ─────

이번 지문에서 배우게 될
영어 표현이에요. ├──

인터뷰에 관한 ├──
간략한 설명이에요.

실제 인터뷰 내용을 ├──
문법에 맞게 정리했어요.

01 That's what you meant, right?
그런 뜻으로 말한 거 맞죠?

'팬들과 어떻게 교감하는 것이 가장 맘에 드나요?'라는 질문에 지민이
답하자, RM이 영어로 옮겨주고 있어요.

On the stage, when he looks at all the fans'
eyes, he gets inspired, gets impressed.
무대에서 지민이 팬들의 눈을 볼 때, 영감을 얻고 감동을 받아요.

Yes.
맞아요.

You become happy.
행복해지고요.

Yes!
네!

That's what you meant, right?
그런 뜻으로 말한 거 맞죠?

영어 표현이 나온 ├──
유튜브 영상과 시간을
확인할 수 있어요.

BTS Share Their Favorite Songs, a Message to Halsey, Talk Drake
Dream Collab & More! | THR 1:17

덕질로 배우는 표현

get inspired	영감을 받다
get impressed	감동을 받다
meant	의미하다(mean)의 과거/과거분사

┤ 덕질하면서
새로운 표현을 익혀요.

 팀의 리더 RM은 영어 인터뷰를 할 때 통역을 맡고 있기 때문에 다른 멤
버들의 말을 잘 전달하는 데 신경을 많이 쓰는 것이 눈에 보입니다.

 That's what you meant, right? 상대방의 말을 내가 제대로 이해했는지
확인하고 싶을 때 쓰는 표현인 거죠?

 네, 맞아요. 말하는 사람의 의도를 듣는 사람은 다르게 생각할 수 있으니
까요. RM의 센스가 돋보이는 부분이죠.
That's what you meant, right?를 의문형으로 바꾸어서 Is that what
you meant?라고 해도 됩니다.

┤ 진저 쌤의
친절한 설명과 함께
미국의 문화와
최애의 일상도
알 수 있어요.

이렇게 써보세요

● You're happy to go back home. That's what you meant,
right? 집에 가게 되어서 행복하다, 그런 뜻으로 말한 거 맞죠?

● You like Jimin. That's what you meant, right?
당신이 지민을 좋아한다, 그런 뜻으로 말한 거 맞죠?

● You have mixed feelings about this whole thing.
Is that what you meant?
이 일 전체에 대해 복잡한 감정을 느낀다, 그런 뜻으로 말한 건가요?

┤ 예문을 통해
실생활에서도
활용해보기로 해요.

목차

한국의 보이밴드 BTS는 마음을
사로잡는 노래와 칼군무로 지구상에서
가장 인기 있는 그룹이 되었습니다.
BTS가 전하는 '나 자신을 사랑하자
(Love myself)'는 메시지는 노래와
춤, 그리고 그들의 일상 곳곳에 담겨
있습니다.
한국에서는 물론 해외에서도 크게
사랑받는 BTS! 영어 인터뷰에서 어떤
표현을 썼는지 알아볼까요?

뷔·정국·슈가·진·지민·RM·제이홉

01

That's what you meant, right?

그런 뜻으로 말한 거 맞죠?

'팬들과 어떻게 교감하는 것이 가장 맘에 드나요?'라는 질문에 지민이 답하자, RM이 영어로 옮겨주고 있어요.

 On stage, when he looks at all the fans' eyes, he gets inspired, gets impressed.

무대에서 지민이 팬들의 눈을 볼 때, 영감을 얻고 감동을 받아요.

 Yes.

맞아요.

 You become happy.

행복해지고요.

 Yes!

네!

 That's what you meant, right?

그런 뜻으로 말한 거 맞죠?

🔗 BTS Share Their Favorite Songs, a Message to Halsey, Talk Drake Dream Collab & More! | THR 1:17

18

덕질로 배우는 표현

get inspired	영감을 받다
get impressed	감동을 받다
meant	의미하다(mean)의 과거/과거분사

 팀의 리더 RM은 영어 인터뷰를 할 때 통역을 맡고 있기 때문에 다른 멤버들의 말을 잘 전달하는 데 신경을 많이 쓰는 것이 눈에 보입니다.

 That's what you meant, right? 상대방의 말을 내가 제대로 이해했는지 확인하고 싶을 때 쓰는 표현인 거죠?

 네, 맞아요. 말하는 사람의 의도를 듣는 사람은 다르게 생각할 수 있으니까요. RM의 센스가 돋보이는 부분이죠.

That's what you meant, right?를 의문형으로 바꾸어서 Is that what you meant?라고 해도 됩니다.

이렇게 써보세요

● You're happy to go back home. That's what you meant, right? 집에 가게 되어서 행복하다, 그런 뜻으로 말한 거 맞죠?

● You like Jimin. That's what you meant, right?
당신이 지민을 좋아한다, 그런 뜻으로 말한 거 맞죠?

● You have mixed feelings about this whole thing.
Is that what you meant?
이 일 전체에 대해 복잡한 감정을 느낀다, 그런 뜻으로 말한 건가요?

We want to stay humble.
겸손함을 유지하고 싶어요.

미국의 인기 토크쇼 <지미 팰런 쇼>에 BTS가 나왔어요!

 What's next? What do you want to do?

자, 다음엔 뭐죠? 무얼 하고 싶나요?

 We want to stay humble.

저희는 겸손함을 유지하고 싶어요.

 Go to Grammy?

그래미 시상식에 가는 거, 어떨까요?

 Grammy? Oh wow, alright. We can make that happen.

그래미? 와, 대단하네, 좋아요. 할 수 있을 겁니다.

 It's just like a dream. We can dream.

그냥 꿈 같은 거죠. 꿈은 꿀 수 있잖아요.

 Jimmy Interviews the Biggest Boy Band on the Planet BTS 4:33

덕질로 배우는 표현

alright	괜찮은
make ~ happen	~가 벌어지게(일어나게) 만들다
dream	꿈을 꾸다, 꿈
humble	겸손한, 변변치 않은, (대문자로 시작하면) 텍사스주 도시 이름

 방탄소년단은 뛰어난 춤, 노래 실력, 음악성을 갖춘 데다가 항상 예의가 바르고 겸손해서 더욱 멋져요. 그런데 stay humble? 험블이라는 도시에 머무르고 싶다는 뜻인가요?

 이때 humble은 명사가 아니라 형용사로 사용되고 있어요. Stay (머무르다) 뒤에 형용사가 오면 그런 상태로 머무르다, 즉 '~한 상태를 유지하다.' 라는 뜻이 됩니다. 그래서 stay humble은 계속해서 겸손한 태도를 유지한다는 뜻이에요.

원어민은 stay 뒤에 happy, healthy 등 다양한 형용사를 붙여서 일상 생활에서 많이 사용합니다.

이렇게 써보세요

- He stays humble even though he is very successful.
  그는 매우 성공했지만 겸손함을 유지하고 있다.
- You stay safe. 안전하게 지내야 해.
- Staying healthy is important. 건강을 유지하는 것은 중요하다.

That's the best excuse I've ever heard.
지금까지 들어본 핑계 중에 가장 훌륭하군요.

라디오 디즈니의 인터뷰에서 지민이 혼자 선글라스를 쓰고 있었습니다.
그리고 RM이 지민이에게 묻습니다.

 Where do you get your style inspiration from?
어디에서 패션에 관한 영감을 얻나요?

우리 멤버들이 빛이 너무 나서..!

 Jimin said he put his shades on because the other six members shine so much.
지민이 선글라스를 쓴 이유는 다른 여섯 멤버들이 눈부시게 빛나서라고 합니다.

So, he just had to put his sunglasses on.
그래서 선글라스를 써야 했대요

That's the best excuse I've ever heard. Thank you, Jimin.
지금까지 들어본 핑계 중에 가장 훌륭하군요. 고마워요 지민.

 Superstars!
슈퍼스타!

 BTS Extended FULL Interview! | Radio Disney 1:22

22

덕질로 배우는 표현

inspiration	영감	put on	~를 입다, ~를 쓰다
shades	선글라스 (슬랭)	excuse	변명, 구실

 방탄소년단의 인터뷰를 보면 멤버들끼리 놀리거나 농담을 주고받는 일이 많아요. 서로 친하기 때문에 그런 모습이 거리낌없이 드러나는 것 같습니다.

 Excuse? '실례합니다(Excuse me)'에 쓰는 단어 맞죠?

네 맞아요. 하지만 여기서는 동사가 아니라, '핑계, 변명'이라는 뜻의 명사로 쓰이고 있어요. 멤버들이 너무 눈부셔서 선글라스를 썼다고 지민이 능청을 떨자, RM은 I've ever heard (지금까지 들어본) excuse (핑계) 중에 가장 훌륭하다며 받아쳤죠?

여기서 ever는 특별한 뜻으로 해석되진 않지만 현재 완료형과 함께 쓰여서 문장의 뜻을 강조하는 역할을 합니다. '주어 + have ever + 동사 과거분사'의 순서로 사용하면 됩니다.

이렇게 써보세요

● She is the best person they have ever known.
그녀는 그들이 아는 가장 **훌륭**한 사람이다.

● It is the most beautiful thing I have ever seen.
그것은 내가 본 것 중에 가장 아름답다.

● This potato salad is the worst food he has ever tasted.
이 감자 샐러드는 그가 맛본 음식 중에 최악이다.

04 We work out.
운동을 해요.

사람들이 알아보면 어떻게 반응하는지, 사적인 일상이 어렵진 않은지, 쇼 호스트가 물어봤습니다.

 Is it difficult to have a private life?
프라이버시를 지키기가 어렵나요?

 When I visit a store, my fan says (to me) "Oh! Worldwide Handsome!" 제가 상점에 가면, 저의 팬이 "오! 월드와이드 핸섬이야!"라고 말하죠.

 (He) enjoys! Enjoys (that situation)!
진은 그걸(그런 상황을) 즐기는 거예요!

 Yeah. I enjoy! "Yeah, I'm Worldwide Handsome. Hello!" 그럼요, 즐기고 있죠. "예, 월드와이드 핸섬입니다. 안녕하세요!"

 We sometimes do things that every person does. 우리도 때로는 보통 사람들이 하는 것들을 해요.

We go to a park, we work out, we go to a beach, we go shopping.
공원에 가고, 운동을 하고, 해변에 가고, 쇼핑도 하죠.

 Do you date? 연애는 하나요?

We want to focus on our career. So now it's very hard to date. 가수 활동에 집중하고 싶어서 지금은 연애하기가 아주 어려워요.

BTS

덕질로 배우는 표현

private life	사생활, 프라이버시
go to a beach	해변에 가다
work	일하다, (육체적 정신적) 노동을 하다

- -

 방탄소년단은 세계적으로 인기가 엄청나니까 공공장소에 그냥 나타나면 알아보는 사람이 많아서 사생활을 갖기가 힘들 것 같습니다.

 그런데도 부담스러워하지 않고 쿨하게 '월드와이드 핸섬!'이라고 눙치는 진이 너무 좋아요.

 그렇죠? 팬을 배려하고 즐거워하는 모습이 정말 멋집니다. 방탄소년단은 보통 사람들이 하는 걸 즐기고, 운동도 한다고 얘기했어요.

이때 '운동' 하면 exercise를 많이 떠올리지만 원어민은 work out이라는 표현을 더 자주 씁니다. 신체를 work 일하게 만들어서 건강을 증진시키거나 몸매를 멋지게 가꾸는 결과가 out 나오게 하는 행위, 즉 운동을 한다는 의미거든요.

이렇게 써보세요

● I work out 3 times a week. 나는 일주일에 3번 운동을 한다.

● I usually work out in the morning. 나는 주로 아침에 운동을 한다.

● Working out is good for your mental health.
운동은 정신 건강에 좋다.

05 I know it might sound like a cliché.
상투적인 소리처럼 들릴지 모르겠지만요.

애틀랜타의 People TV 인터뷰에서 방탄소년단에게 미국에 진출하게
된 소감을 묻고 있어요.

**Last year you guys made your American TV
debut.** 작년에 미국 TV에서 데뷔를 했죠.

**How has this experience been like for you
guys?** 다들, 그 경험이 어땠나요?

All these award shows?
온갖 시상식 무대에도 섰잖아요.

I'm so honored to perform.
무대에 설 수 있어서 정말 영광입니다.

I know it might sound like a cliché,
상투적인 소리처럼 들릴지 모르겠지만

but it still feels like everything is a dream.
여전히 모든 게 꿈만 같아요.

🔗 Full Interview: BTS On What They Love About Themselves, Each Other,
Dream Artist Collabs | PeopleTV 6:50

덕질로 배우는 표현

last year	작년		honored	명예로운
award	상		cliché	상투적인 문구

 방탄소년단은 2017년부터 빌보드 뮤직 어워드, 아메리칸 뮤직 어워드, MTV 뮤직 어워드 등 미국 내 각종 시상식에 초대를 받고, 수상을 했습니다.

 한류를 널리 퍼트린 대표주자가 된 것 같아요. 인터뷰에 대한 답변도 능숙해 보이고요.

 RM은 항상 영어로 멋진 수상 소감을 말하고 전혀 상투적이지 않지만, 이번 인터뷰에서는 cliché라는 말을 사용했어요. 생김새에서 추측할 수 있듯이 불어에서 온 단어입니다. '진부한 표현'을 뜻하는 말이지만, 이때는 미국 진출에 대해 한결같이 기쁜 마음을 가지고 감사하게 활동을 이어나가겠다는 의미를 담고 있어서 적절한 사용이었다고 봅니다.

이렇게 써보세요

🗨 The movie lines were full of clichés.
그 영화 대사는 상투적인 문구들로 가득했다.

🗨 It became a cliché, because people used it too many times.
그것은 상투적인 말이 되었다. 왜냐하면 사람들이 너무 많이 사용했기 때문이다.

🗨 Stop using clichés. It's boring. 상투적인 문구 좀 그만 써. 지루해.

06 I had a feeling.
느낌이 왔어요.

빌보드 뮤직 어워드를 수상한 방탄소년단의 소감이 인터뷰에서 고스란히 전해지네요.

 Did you have a speech prepared?
수상 소감을 준비했나요?

 Ah.. kinda. But we never knew before that.
아, 약간이요. 하지만 정말로 받을 줄은 몰랐어요.

Because no one could bet, but I still prepared.
왜냐면 아무도 장담할 수 없으니까요. 그래도 준비는 했죠.

 You must've had a feeling.
느낌이 왔나 보죠.

You had like 300 million votes.
3억 표인가 받았잖아요.

 Oh, I had a feeling because 10 minutes before, all the cameras were in front of us.
아, 느낌은 있었어요. 왜냐하면 10분 전에 카메라가 전부 저희를 향했거든요.

🔗 K-pop sensations BTS talk Eminem, fandoms, and learning English from 'Friends' 0:54

덕질로 배우는 표현

kinda	약간 (kind of의 캐주얼한 표현)
bet	장담하다
must've ~(동사의 과거분사)	~했음이 틀림없다
	(must've는 must have의 줄임말)

 2017년 빌보드 뮤직 어워드에서 톱 소셜 아티스트상을 받자 RM은 "저희를 이 자리에 있게 해주신 여러분들께 감사드립니다. 더 멋진 방탄소년단이 되겠습니다."라고 수상 소감을 말했어요.

 정말 깔끔하고 많이 준비한 듯한 멘트네요.

눈치가 빠른 탓인지 카메라가 자신들을 향해 있는 것을 보고 RM은 I had a feeling, 느낌이 왔다고 했습니다.

느낌은 눈에 보이지 않으므로 셀 수 없는 명사일 것 같지만 영어에서는 단수형, 복수형 둘 다 사용합니다. 한 가지 느낌일 때는 a feeling, 여러 가지가 복합적으로 섞여 있을 때는 mixed feelings라는 표현을 쓰면 됩니다.

이렇게 써보세요

● I have a bad feeling about this. 느낌이 안 좋은데.

● She has mixed feelings about him.
그녀는 그에 대해 복잡한 감정을 가지고 있다.

● He has a feeling that they like each other.
그는 그들이 서로 좋아하는 것 같다고 느낀다.

The names are really huge.
엄청 유명해요.

BTS의 빌보드 뮤직 어워드 수상은 큰 사건이었기에 쇼 호스트도 흥분을 감추지 않습니다.

 You won that award. Do you guys realize how big that is?

빌보드에서 상을 받았죠. 그게 얼마나 대단한 상인지 알고 있어요?

 We never knew, but we saw the articles and the titles.

저희는 전혀 몰랐는데, 뉴스 기사랑 제목을 봤지요.

BBC, Time, those are the names we always heard in Korea.

BBC, 타임 같은 건 한국에서 늘 듣던 이름인데요.

The names are really huge. 엄청 유명해요.

And the titles are like, they are opening the door to K-pop.

기사 제목은 '케이팝을 위한 문이 활짝 열리다' 같은 식이더라고요.

🔗 BTS Show Kevin Manno How to Take The Perfect Selfie | Full Interview
2:32

article	(신문 등 언론의) 기사
win an award	상을 받다
open the door to	~에게 기회를 열어주다

- -

 2017년은 방탄소년단에게뿐만 아니라 한국 아티스트 역사에서도 큰 획을 그은 해입니다. 한국인이 빌보드 뮤직 어워드에서 상을 받은 것은 처음이기 때문이죠.

 그래서 BBC, 타임지에 기사로 나왔군요?

얼마나 대단한 일인지 기사를 보고 실감했다고 하네요.

방탄소년단이 유명한 매체로부터 조명을 받았다고 할 때 RM은 huge를 사용했습니다. 이 단어에는 '거대한'이라는 뜻 말고도 '크게 성공한, 유명한'이라는 의미도 있어요. 원어민은 popular(인기가 많은) 대신에 huge, big 같은 표현도 많이 씁니다. 비슷한 뜻을 가진 단어를 여러 개 알아놓으면 도움이 될 거예요.

● BTS is huge in America. 방탄소년단은 미국에서 인기가 어마어마하다.

● Are they big in Europe too? 그들은 유럽에서도 인기가 많나요?

● She became huge after the hit single.
싱글곡이 히트친 후에 그녀는 인기가 많아졌다.

08 It's a turning point.
하나의 전환점입니다.

방탄소년단이 'Fake Love'에 관한 질문을 받고 있습니다.

 What's the story behind *Fake Love*?
'Fake Love'에 관한 비하인드 스토리가 있나요?

 Basically our albums are a 4-part series. It's about love.
기본적으로 이건 4개의 파트로 이루어진 시리즈예요. 사랑에 관한 거고요.

And this is part 3, it's a turning point.
이번 앨범은 파트 3이고, 하나의 전환점입니다.

 I think maybe next album's single title could be *Real Love*.
다음 앨범 싱글 타이틀은 'Real Love'로 하면 어떨까 싶은데요.

(Laughter) 웃음

 BTS: Love Yourself 轉, Skills & Obsessions | Chart Take Over | Apple Music 1:38

덕질로 배우는 표현

behind ~	~뒤에
basically	기본적으로
a 4-part series	4부로 이루어진 시리즈, 4부작

- -

방탄소년단은 기승전결을 콘셉트로 잡고 관련 앨범 3장을 발표했습니다. 그중 '전' 앨범에 들어있는 곡이 'Fake Love'입니다.

RM은 이번 앨범이 큰 의미를 갖는다고 말하고 있어요. Turning point는 말 그대로 'turn 돌다, 돌아서다', 'point 지점', 즉 돌아서는 지점, '전환점'이라는 뜻입니다. 인생에 어떤 큰 변화가 생기거나 어떤 일이 변화를 맞이해서 이후 행보가 크게 달라질 때 쓸 수 있습니다.

방탄소년단은 정규 2집 「WINGS」를 내고 해외에서 주목을 받았으니 이 앨범이 진정한 전환점이 아닌가 싶어요!

이렇게 써보세요

- Becoming a YouTuber was a turning point in my life.
  유튜버가 된 것이 제 인생의 전환점이 되었습니다.

- The last album was a turning point for the artist.
  지난 앨범이 이 아티스트에게는 전환점이 되었다.

- Have you ever had a turning point in your life?
  인생에서 전환점을 겪은 적이 있나요?

09 Thank you for having us.
초대해주셔서 감사합니다.

쇼 호스트는 'Fake Love'에 관해 더 물어보고 싶어서 방탄소년단을 다시 초대했나 봅니다.

Thank you for always making time for us.
항상 저희를 위해 인터뷰 시간을 내주셔서 고마워요.

Thank you for having us.
초대해주셔서 감사합니다.

Let's talk about _Fake Love_.
'Fake Love'에 대해서 말해봅시다.

What's the story behind the song?
이 노래 뒤에 어떤 스토리가 숨어 있나요?

It's saying that if you're untrue to yourself, your love won't last forever.
나 자신에게 솔직하지 않으면 그 사랑은 오래가지 않는다는 내용의 노래입니다.

🔗 BTS Talks Performing At The BBMA's, New Single 'Fake Love' + Sing American Pop Hits! 0:16

덕질로 배우는 표현

make time for	~을 위해 시간을 내다
untrue	사실이 아닌, 진솔하지 않은
last forever	영원히 지속되다

 'Fake Love'는 사랑하는 상대를 위해 나의 진실된 모습을 감추고 포장하여 상대가 원하는 모습을 보여주는 것에 대한 내용을 담고 있습니다.

 여러 매체에서 비슷한 질문을 많이 받아서 방탄소년단이 질리지는 않았을까 걱정했어요.

 방탄소년단은 아무리 잘나가도 인터뷰에서 항상 겸손한 모습을 보여주고, 초대해줘서 고맙다고 합니다. 이때 초대하다 invite를 이용해 Thank you for inviting us.를 써도 되지만 원어민들은 RM이 말한 것처럼 흔히 have 동사를 사용해서 Thank you for having us.라고도 합니다.

 Having us는 '우리와 함께 시간을 가지다.'라는 의미로 생각하면 되겠네요.

이렇게 써보세요

● This is great. Thank you for having us.
훌륭하네요. 초대해주셔서 감사합니다.

● We had a good time. Thank you for having us.
즐거운 시간을 보냈어요. 초대해주셔서 감사합니다.

● Thank you for having us. We love being here.
초대해주셔서 감사합니다. 와보니까 정말 좋아요.

It was a big deal.
대단한 일이었죠.

RM의 유엔 연설, 기억하시죠? 역사적인 사건이라 해도 과언이 아닙니다.

 You got to speak at the UN.
유엔에서 연설을 하게 되었죠.

 Yeah. I was so nervous, I was shaking.
네. 전 엄청 긴장해서 떨고 있었어요.

It was a big deal.
대단한 일이었으니까요.

 What was your message?
어떤 메시지를 담고 있었나요?

 It's mainly about speaking for yourself instead of letting other people speak for you.
주로는 남들이 날 대신해서 말하게 하지 말고, 나 자신을 표현하자는 내용이었습니다.

 Jimmy Interviews the Biggest Boy Band on the Planet BTS 3:11

36

덕질로 배우는 표현

get to ~(동사)	~하게 되다
speak for oneself	스스로 말하다, 직접 의사를 표시하다
mainly	주로

2018년 9월에 RM은 유엔에서 '나 자신을 사랑하고, 나 자신을 표현하자'는 주제로 연설을 해서 수많은 사람들에게 깊은 인상을 남겼습니다.

방탄소년단을 상징하는 말인 것 같아요. Love yourself, speak yourself.

한국을 넘어서 세상 모든 이에게 용기와 사랑을 전하는 말이었죠. (문법적으로는 speak for yourself가 옳은 표현이지만 'Love Yourself: Speak Yourself'는 방탄소년단의 2019년 투어 타이틀이므로 시적 허용으로 보고 그대로 사용합니다.) 당시 24살이었던 청년이 세계인들에게 메시지를 전할 기회를 얻게 된 것은 대단한 일입니다.

이럴 때는 a big deal이라는 표현을 사용할 수 있습니다. 말 그대로 큰 거래, 그러니까 대단한 일이라는 뜻입니다. 반대로 사소한 일은 big의 반대인 small을 써서 a small deal이라고 하면 됩니다.

이렇게 써보세요

● It wasn't a big deal. 별로 큰 일은 아니었어.

● This audition is a big deal for him. 이 오디션은 그에게 큰 일이야.

● Don't make a big deal out of nothing.
아무것도 아닌 걸 가지고 큰일인 것처럼 굴지마.

Actually, I trained for it like a thousand times.
사실 엄청 많이 연습했어요.

방탄소년단의 화려한 성공 뒤에는 늘 값진 노력이 있었어요. 유엔 연설 역시 엄청 많이 연습한 거였겠죠?

 Speaking at the UN and your message, what was that moment like for you?
유엔에서 연설을 하고 메시지를 전했던 그 순간, 어땠나요?

 Actually I trained for it like a thousand times.
사실 엄청 많이 연습했어요.

I imagined it and I think I did it okay.
미리 맘속으로 그려봤죠. 괜찮게 한 것 같아요.

But I was holding the paper, my hands were shaking like a thousand times for a second.
종이를 들고 있었는데, 순간적으로 손이 엄청 많이 떨리더라니까요.

🔗 BTS Chats The Success Of The Group & Speaking At The U.N. On (GMA) 2:45

덕질로 배우는 표현

train	훈련하다, 연습하다
imagine	상상하다
for a second	짧은 시간 동안

- -

 RM은 유엔에서 멋지게 연설을 해냈지만, 사실은 엄청 떨렸다고 합니다. 팬인 아미뿐만 아니라 전 세계 사람들의 이목이 집중되는 자리이니 부담감이 상당했겠지요.

 방탄소년단은 평소에 춤과 노래 연습을 꾸준히 하잖아요! 연설을 위해서도 열심히 준비했을 모습이 상상돼요.

 많이 연습했다고 할 때 RM이 사용한 a thousand times는 진짜로 천 번이라는 뜻이 아니라 그만큼 많이 했다는 강조의 표현입니다. 우리가 '백만 년 전에 했어.' 이런 식으로 숫자를 과장해서 강조하듯이 영어에서도 비슷합니다. '한 순간 손이 엄청 떨렸다'고 할 때도 a thousand times for a second라고 했는데 역시 같은 뉘앙스입니다.

이렇게 써보세요

- I heard it a thousand times already. 그 말은 이미 지겹도록 많이 들었어.

- I repeated it in my head a thousand times.
  내 머릿속에서 엄청나게 많이 반복했어.

- I'm an expert on this. I've done it like a thousand times.
  나는 이것에 관해 전문가이다. 엄청 많이 해봤으니까.

We made it.
우리가 해냈어요.

수상 경력이 화려한 방탄소년단은 그만큼 트로피도 많이 받았습니다.

Where are you going to put your trophy?
트로피를 어디에 놔둘 건가요?

That's what I want to know.
그걸 알고 싶네요.

We made a little something like a closet just for the Billboard trophy.
우린 빌보드 트로피를 보관하기 위해 작은 벽장 같은 걸 만들었어요.

Did you really make a special thing for Billboard?
빌보드 상이라고 진짜로 그렇게 특별한 걸 만든 거예요?

Yes, that's really important. We made it!
네. 정말 중요한 거잖아요. 우리가 해냈거든요.

🔗 BTS Full Interview: Dance Lesson, Impersonations, Billboard Music Awards Win & More! 1:04

덕질로 배우는 표현

put	~을 놔두다
like ~	~같은
closet	벽장

 방탄소년단은 2017, 2018, 2019년 세 해 연속으로 빌보드 뮤직 어워드에서 톱 소셜 아티스트 상을 받았고, 2019년에는 톱 그룹으로까지 선정되었습니다. 트로피 진열장이 필요할 만도 하네요.

 We made it! 특별히 보관 장소까지 만들었다니, 많이 뿌듯했겠죠?

우리는 흔히 make를 '만들다'라고 이해하지만, 옥스포드 영영사전을 보면 이런 뜻도 있습니다. "Cause (something) to exist or come about; bring about(무언가가 존재하거나 생기게 하는 원인이 되다; 유발하다)" 눈에 보이는 사물뿐만이 아니라 어떤 사건이나 행위를 만드는 것도 포함되기 때문에 make it이라고 하면 누군가가 어떤 행동의 조합을 함으로써 어떤 사건이 발생되었다, 즉, '해냈다'라는 의미가 됩니다.

이렇게 써보세요

● You made it! I'm so proud of you. 해냈구나. 네가 정말 자랑스럽다.

● I don't think I can make it. 못할 것 같아.

● I knew he would make it. 그가 해낼 줄 알았어.

I don't know how it happened.
어떻게 그런 일이 생겼는지 모르겠어요.

방탄소년단, 또 한 번 기록을 깨트린 모양입니다.

 The music video has broken YouTube records.
이번 뮤직 비디오가 유튜브 기록을 갱신했어요.

 I don't know how it happened.
어떻게 그런 일이 생겼는지 모르겠어요.

 It's because ARMY is so in love with you guys.
아미가 방탄소년단을 너무나 사랑하기 때문이에요.

 I mean, this whole album is like a serenade for ARMY.
그러니까 이 앨범은 오롯이 사랑하는 아미들에게 바치는 노래예요.

 BTS Talks "Boy With Luv," World Tour, Working With Halsey + More | Exclusive Interview 1:55

덕질로 배우는 표현

break records	기록을 깨다
be in love with ~	~와 사랑에 빠져 있다
serenade	사랑하는 사람에게 바치는 노래

 방탄소년단이 2019년 4월에 발표한 '작은 것들을 위한 시(Boy with Luv)'는 발매 당시 유튜브에서 24시간 내 가장 많은 뷰를 찍은 영상으로 등극했습니다. 무려 7,460만 뷰를 찍었다고 합니다.

 방탄소년단의 기록을 바꾸는 건 늘 방탄소년단이었으면 좋겠어요.

본인들이 세계적으로 인기가 많다는 건 알고 있었지만, 기록까지 깨다니 놀라웠나 봅니다.

'아니, 그런 일이 생기다니!'라는 기분이 들 때 쓸 수 있는 표현이 I don't know how it happened입니다. 예상치 못한 일에 어안이 벙벙해졌을 때 사용해보세요.

이렇게 써보세요

● I got the perfect score without studying. I don't know how it happened. 공부를 안 했는데 만점을 맞았어. 어떻게 된 일인지 모르겠네.

● He is plain but his girlfriend is gorgeous. I don't know how it happened.
그 남자는 평범한데 여친은 진짜 예뻐. 어떻게 그런 일이 생겼는지 몰라.

● They were enemies yesterday. Today they're best friends. I don't know how it happened. 그 사람들 어제는 원수처럼 굴더니 오늘은 절친처럼 행동하네. 대체 어떻게 된 건지 모르겠다.

You nailed it!
아주 잘했어요!

인터뷰를 하는 쇼 호스트가 방탄소년단에게 한국말을 하고 있어요.

 Last time you guys came in, you taught me some Korean. Ahn-nyoung-hah-seh-yo.
지난번에 오셨을 때 저한테 한국말을 좀 가르쳐주셨죠. '안녕하세요'.

 You nailed it!
아주 잘했어요!

 How was performing with Halsey for the first time to my understanding?
홀지랑* 처음으로 같이 무대에 선 걸로 알고 있는데, 어땠나요?

 It was like a challenge for us.
저희에겐 하나의 도전이었죠.

Because we never had a real collaboration performance with somebody.
왜냐하면 누군가와 콜라보로 무대에 서본 적이 없었거든요.

🔗 BTS Talks Rose Bowl, Possible Khalid Collab And More With JoJo Wright!
1:44

44

덕질로 배우는 표현

last time	지난번에
collaboration	공동 작업
nail	손톱, 발톱, 못; 못으로 박다

- 미국의 인기 싱어송라이터인 Halsey는 한국에서 '할시'로 통하지만, 정확한 발음은 '홀지'입니다.

 2019년 5월 1일에 방탄소년단과 홀지는 빌보드 뮤직 어워드에서 'Boy with Luv'를 함께 불렀습니다. 반응은 폭발적이었죠. 이제 방탄소년단과 케이팝 때문에 한글을 배우고 싶어하는 외국인들이 엄청나게 많아졌고, 쇼 호스트 역시 한국말을 몇 마디 해보고 싶었나 봅니다.

 그런데 nailed it? 즐거운 분위기인 걸 보니까 잘했다고 칭찬하는 것 같은데 왜 손톱을 찾는 거예요?

 Nail it은 무언가를 잘 해냈을 때 원어민이 밥 먹듯이 쓰는 표현이에요. 정확한 지점에 못을 박듯이 완벽하게 잘 해냈다는 뜻입니다. 이런 칭찬을 들었으니 쇼 호스트는 한국말을 더 열심히 배우고 싶어지지 않았을까요?

이렇게 써보세요

- **Her presentation went really well. She nailed it!**
  그녀의 프레젠테이션은 잘 진행됐다. 그녀는 아주 잘했다!

- **This is so easy. He will nail it.** 이거 정말 쉬워. 그는 잘 해낼 거야.

- **I thought I nailed the interview, but I didn't get the job.**
  구직 인터뷰를 잘 했다고 생각했는데, 면접에서 떨어졌어.

We just try to enjoy the ride.
마음 편히 즐기려고 노력하고 있어요.

쇼 호스트가 방탄소년단을 '팝의 왕'이라 추켜세웠으니, 최고의 찬사라고 하겠습니다.

I want to know how you guys are taking this whole new title of 'Kings of Pop'.
당신들이 '팝의 왕'이라는 완전히 새로운 타이틀에 어떻게 적응하고 있는지 알고 싶어요.

We're not Kings of Pop.
우린 팝의 왕이 아니에요.

We're just boys of pop from Korea.
그저 한국에서 온 팝의 소년들이죠.

You know, we just try to enjoy the ride.
그러니까, 그냥 마음 편히 즐기려고 노력하고 있어요.

We heard that we would be the only artists to perform in Rose Bowl in 2019.
2019년에 로즈 보울 경기장에서 공연하는 아티스트는 우리뿐이라고 하던데요.

 BTS Confirms Khalid Collaboration with Edgar, Brian, and Chelsea! 2:32

덕질로 배우는 표현

| you guys | 당신들, 자네들 | whole new | 완전히 새로운 |
| perform | 공연하다 | ride | 타다(차, 자전거, 말 등 탈 것을 이용하다) |

 미국 캘리포니아에 있는 로즈 보울 경기장은 좌석이 90,888개나 되는 엄청난 규모인데, 2019년 5월 이곳에서 열린 방탄소년단의 공연표는 전석 매진되었습니다.

 '팝의 왕'이라고 부를 만하네요. 조금 더 자신감을 가져도 좋을 것 같은데요?
방탄소년단은 겸손한 거죠.

Ride는 동사로 '타다', 명사로는 '차나 자전거 등의 탈 것을 이용해서 이동하는 행위'라는 뜻이 있습니다. 다음 장소로 이동하면 그때는 시간이 지나서 미래가 됩니다. 미래에는 좋은 일이 생길지 나쁜 일이 생길지 아무도 모르기 때문에 enjoy the ride는 이러한 생각을 접어두고 지금 이 좋은 때를 즐긴다는 어감을 가지고 있습니다. 늘 최선을 다하고, 해내겠다는 자신감이 느껴지죠?

이렇게 써보세요

● Just sit back and enjoy the ride. 그냥 느긋하게 앉아 여행을 즐기세요.

● There's plenty of time to enjoy the ride. You're retired.
즐길 시간은 얼마든지 있어요. 당신은 은퇴했으니까요.

● Don't think about the outcome too much, and enjoy the ride.
결과에 대해 너무 깊이 생각하지 말고 그 과정을 즐겨라.

We did it!
우리가 했어요!

방탄소년단이 해외에서 공연한 장소들은 이름만 들어도 화려합니다.

 How pumped are you to go on this tour?
이번 투어에서는 얼마나 의욕이 충만한가요?

 We were always talking about a worldwide stadium tour, our final goal.
우린 세계를 돌며 경기장 투어를 하자고 늘 그랬죠. 그게 우리 최종 목표거든요.

And this is a dream come true.
그리고 이렇게 꿈이 이루어진 겁니다.

Rose Bowl, Soldier Field, what was it? MetLife.
로즈 보울, 솔저 필드, 그리고 어디였더라? 메트라이프 경기장!

We did it! And you did it!
우리가 해냈어요. 아니, 여러분이 해낸 거죠.

🔗 BTS Talks "Boy With Luv," World Tour, Working With Halsey + More | Exclusive Interview 2:49

덕질로 배우는 표현

pumped	열성적인
worldwide	전 세계적인
final	최종적인

 현재 전 세계 사람들이 케이팝에 열광하고 많은 스타들이 해외 진출을 하고 있지만, 누가 뭐라 해도 최고의 인기를 누리고 있는 그룹은 방탄소년단일 거예요.

 그들은 지금까지 누구도 하지 못한 일을 해냈습니다. We did it! (우리가 해냈어요!)

Did it.(그것을 했다)은 어떤 상황에서 어떤 감정을 실어서 말하느냐에 따라 의미가 달라집니다. 별 감정 없이 We did it.이라고 하면 그냥 우리가 했다는 뜻이고, RM처럼 긍정적인 감정을 한껏 실어서 'We did it!'이라고 말하면 어떤 일을 해내서 기분이 좋다는 의미입니다.

이렇게 써보세요

● **They did it! I knew it was going to happen.**
  그들이 해냈어! 그렇게 될 줄 알았다니까.

● **She won the game. She did it!** 그녀가 게임에서 우승했어. 해냈다고!

● **You did it! I'm so proud of you.** 네가 해냈구나! 무척 자랑스럽다.

Back in the day, we didn't know anything.
그땐 아무것도 몰랐죠.

영국의 웸블리 스타디움까지 진출한 방탄소년단! 쇼 호스트는 데뷔 이후 그들이 겪은 엄청난 변화가 궁금합니다.

 How have you changed as a band since the start, 2013?
2013년에 데뷔한 이후로 어떤 변화가 있었나요?

 We got a little bit old.
나이가 좀 들었죠.

Back in the day, when we think of 2013, at that time we didn't know anything.
2013년을 생각해보면 그때 그 시절엔 아무것도 몰랐죠.

We were so busy, we were just dancing and singing.
저희는 엄청 바빴고, 그냥 춤추고 노래했어요.

 Korea to Wembley 1:51

덕질로 배우는 표현

since ~	~이래로
a little bit	조금
at that time	그때

 2020년은 방탄소년단이 데뷔한 지 7년째 되는 해입니다! 처음에는 그 누구도 방탄소년단이 세계 최고의 케이팝 그룹이 될 거라고 생각하지 못했습니다.

 그들이 데뷔하기 이전과 데뷔한 이후로 역사가 갈릴 것 같은데요.

2013년에 데뷔했으니 연륜이 상당하죠? Back in the day는 옛날을 회상할 때 많이 쓰는 표현입니다. Back, 그러니까 시간을 거꾸로 거슬러 올라간 날이라는 것이죠. 예전 일에 관해 이야기할 때 사용하면 좀 더 자연스러운 느낌으로 말을 꺼낼 수 있습니다.

이렇게 써보세요

● Back in the day, we had a garden in our backyard.
  옛날에 우리집 뒷마당에는 정원이 있었다.

● Nobody knew about K-pop in America back in the day.
  옛날 미국에서는 아무도 케이팝에 대해서 몰랐다.

● Susan was a school teacher back in the day.
  수잔은 옛날에 학교 선생님이었다.

Someday.
언젠가는요.

방탄소년들, 앞으로의 꿈은 무엇인지 다들 궁금하겠지요?

 For me, personally, I want to do a Grammy performance.
제 개인적으로는 그래미 시상식에서 공연을 해보고 싶습니다.
Someday.
언젠가는요.
 I want to grow up more.
저는 좀 더 자라고 싶어요.
 I think he's not very satisfied with his height.
정국은 자기 키가 만족스럽지 않은 모양입니다.

Maybe I recommend some low fat milk.
저지방 우유를 마시라고 해야 할 것 같은데요.

🔗 BTS Extended FULL Interview! | Radio Disney 0:06

덕질로 배우는 표현

grow up	자라다, 성숙해지다
be not satisfied with ~	~에 만족하지 않다
height	키

정국은 인간적 성숙을 얘기하는 것 같은데, RM이 농담한 게 맞죠?

네, 맞아요. 영미권에서는 친한 사이일수록 짓궂은 농담을 던지는 경우가 흔한데, 해외 활동이 잦은 방탄소년단도 이런 문화에 익숙해진 것 같네요.

RM은 언젠가 그래미 시상식에서 공연을 해보고 싶다고 말했고, 2020년 1월에 드디어 그 소망이 이루어졌습니다. Someday는 미래의 불특정한 어떤 때를 나타내는 표현이에요. 혼동하기 쉬운 표현으로 some day가 있는데, 의미가 살짝 다릅니다. 이 경우는 day가 따로 떨어져 있기 때문에 '불특정한 어떤 날'이라는 뜻입니다.

현실에 안주하지 않고 더 높은 곳을 바라보며 목표를 세우는 방탄소년단. Someday(언젠가) 보여줄 모습이 벌써부터 기대되네요.

이렇게 써보세요

● I would like to visit America someday. 언젠가는 미국에 가보고 싶다.

● We will have a meeting some day next week.
우리는 다음 주의 어느 날 미팅을 할 것이다.

● They hope to see each other again someday.
그들은 언젠가 다시 만나기를 바란다.

Samgyeopsal is way better than Bulgogi.
삼겹살이 불고기보다 훨씬 나아요.

삼겹살에 대한 RM의 의견이 쏟아집니다.

I like meat. I like every meat.
전 고기를 좋아합니다. 모든 종류의 고기를 좋아해요.

Do you know Samgyeopsal?
삼겹살 아세요?

You have to come to Korea, definitely eat Samgyeopsal, okay?
한국에 오셔서 꼭 삼겹살을 드셔보세요, 알겠죠?

I bet you've heard about Bulgogi but you've never heard about Samgyeopsal.
불고기는 들어봤어도 삼겹살은 못 들어봤죠? 틀림없이 못 들어봤을 겁니다.

Samgyeopsal is way better than Bulgogi.
삼겹살이 불고기보다 훨씬 나아요.

 BTS Reveal Their Favorite Movie, Guilty Pleasure & More | Billboard 1:20

덕질로 배우는 표현

definitely	확실히, 분명히
hear about ~	~에 관해서 듣다
way ~(형용사)	아주 ~하다, 완전히 ~하다(way는 부사)

 I bet you've heard about Bulgogi. 불고기는 잘 알 거라고 장담하는 RM의 말에서 한국 음식을 자랑스러워 하는 마음이 느껴져요.

 네, 불고기는 미국 사람들의 취향에 맞아 많이 알려진 한국 음식이에요. 하지만 미국 식당에서는 손님이 불판에 생고기를 올려 직접 구워 먹는 일이 흔치 않기 때문에 삼겹살은 모르는 사람이 많습니다.

RM이 불고기보다 삼겹살을 좋아한다면서 way better라는 표현을 사용했죠? Way는 명사로 쓸 때는 '방법, 길'이라는 뜻이 있지만, 부사로는 '훨씬, 꽤'라는 의미를 가지고 있습니다. 원어민은 어떤 형용사를 강조할 때 앞에 way를 붙여서 '훨씬 ~하다'는 뜻으로 자주 사용합니다.

이렇게 써보세요

● He was running way too slow. 그는 정말 너무 천천히 뛰고 있었어요.

● She shot it way off the target. 그녀의 샷은 목표에서 완전히 벗어났어요.

● It was way worse than you think.
그건 당신이 생각하는 것보다 훨씬 안 좋았어요.

When we go abroad, we don't go to many places.

해외에 나갈 때도 여기저기 많이 다니진 않아요.

인터뷰에서 랜덤 질문 답변이 오고 갑니다.

 What skill do you want to wake up with?
자고 일어났을 때 어떤 재능이 생겼으면 좋겠어요?

 I want to dance like Michael Jackson just one day.
저는 딱 하루만 마이클 잭슨처럼 춤춰보고 싶어요.

 Where were you surprised to hear your music?
자신들의 노래가 나와서 깜짝 놀랐던 장소가 어디예요?

 Actually when we go abroad, we don't go to many places.
사실 우리는 해외에 나갈 때도 여기저기 많이 다니진 않아요.

🔗 BTS: Love Yourself 轉, Skills & Obsessions | Chart Take Over | Apple Music 0:19

덕질로 배우는 표현

skill	기술	surprised	놀란
actually	사실은		

 방탄소년단은 해외공연을 자주 다니기 때문에 여기저기 많이 가봤을 것 같지만, 빡빡한 스케줄을 소화하느라 바빠서 관광은 하기 어렵나 봅니다.

 월드 투어를 하는 만큼 관광도 즐길 줄 알았는데… 아무튼 앞으로도 즐겁게 활동했으면 좋겠어요.

아미를 만나는 데서 즐거움을 찾지 않을까요? 세계 여러 곳의 아미들을 만나기 위해 오늘도 열심히 준비하고 있을 거예요.

'해외에 나간다'고 할 때는 go abroad라는 표현을 사용합니다. 형용사 broad는 '넓다'라는 뜻이고, 접두사 'a-'에는 다양한 의미가 있는데 그중에 하나가 to(~로)입니다. 그래서 abroad는 '넓은 곳으로, 지금 있는 땅보다 더 넓은 해외로'라는 뜻이 됩니다.

이렇게 써보세요

● I can't afford to go abroad this summer.
이번 여름에 해외로 나갈 여유가 없다.

● I would love to go abroad next year, perhaps Australia.
내년엔 진짜로 해외에 가고 싶어. 호주 정도면 좋을 텐데.

● He decided to go abroad to experience a bigger world.
그는 더 큰 세상을 경험하기 위해 해외에 나가기로 결심했다.

It's not in my vocabulary.
저에게 그런 일은 생기지 않아요.

방탄소년들도 실수할 때가 있을 텐데, 어떻게 대처할까 궁금하죠?

What do you do if you forget a dance move?
혹시 춤 동작을 까먹으면 어떡해요?

How do you cover it up?
어떤 식으로 슬쩍 감추죠?

It's not in my vocabulary. I'm perfect.
저에게 그런 일은 생기지 않아요. 전 완벽하니까요.

J-Hope, you're the quickest guy to learn the dance routines. What do you do if you mess up?
(제이홉에게) 댄스 루틴을 제일 빨리 배우는 사람인데, 실수하면 어떻게 하나요?

Mmm, I don't care.
음, 신경 안 써요.

🔗 BTS Recaps the GRAMMYS, Looks Forward to 'Map of the Soul: 7' 1:59

덕질로 배우는 표현

dance move	춤 동작
cover ~ up	~을 감추다
mess up	망치다

 방탄소년단의 춤은 난이도가 높은 것으로 유명합니다. 완벽을 기하기 위해 항상 열심히 연습하지만 사람이다 보니 가끔 실수도 합니다.

 실수를 해도 어떻게 요령껏 대처하느냐가 더 중요하죠.

그 와중에 뷔가 패기 있게 '나는 완벽하다'며 It's not in my vocabulary. 라고 말합니다. 직역하면 '그 말은 내 단어 사전에 없다'는 건데, 쉽게 말하면 '그런 일은 일어나지 않는다.'라는 뜻이에요. Not in someone's vocabulary는 자신감을 나타낼 때 쓸 수 있는 표현입니다.

이렇게 써보세요

● 'Quit' is not in his vocabulary.

그에게 포기란 결코 없다. (내 사전에 포기란 말은 없다.)

● Don't say can't. It's not in my vocabulary.

할 수 없다고 말하지마. 난 그런 말 못 받아들여.

● Tell them that failure is not in her vocabulary.

그 사람들한테 말해줘, 그녀에게 실패란 없다고.

Please stay tuned.
계속 관심 가져주세요.

전 세계 팬들이 열렬히 기다렸던 방탄소년단의 새 앨범이 화제입니다.

 What can we expect from the album?
이번 앨범에서는 무얼 기대할 수 있나요?

 You know the title is 7.
아시다시피 앨범 타이틀이 7입니다.

It's been 7 years since our debut.
저희가 데뷔한 지 7년이 됐어요.

We got 7 members here.
여기 7명 멤버도 그대로 있고요.

So 7 is a really special number for us.
그래서 7은 굉장히 특별한 숫자입니다.

Please stay tuned. The album is going to be hot.
계속 관심 가져주세요. 이번 앨범, 아주 뜨끈뜨끈할 겁니다.

 BTS Recaps the GRAMMYS, Looks Forward to 'Map of the Soul: 7' 2:34

덕질로 배우는 표현

expect	기대하다
hot	멋진
tune	곡, 곡조; (악기를) 조율하다; (기계를) 조정하다

 방탄소년단은 2020년 2월에 앨범 「Map of the Soul: 7」을 발표했습니다. 최고의 케이팝 아티스트인 만큼 이들의 신곡 발표는 전 세계의 주목을 받죠.

 정말 기대돼요. 그런데 왜 stay tuned, 채널을 고정하라고 말한 거예요?

Stay tuned는 보통 라디오나 TV 방송에서 딴 채널로 바꾸지 말고 '채널을 고정해주세요.'라고 할 때 쓰는 표현입니다. Tune은 신호나 채널을 조정한다는 뜻이므로 stay tuned 하면 '조정된 상태를 유지한다'는 뜻이에요. 그리고 RM이 사용한 것처럼 계속해서 주목해 달라는 의미로도 쓸 수 있습니다. '이번 신작에 대한 궁금증과 관심을 유지하고 주목해주세요. 멋진 앨범을 만날 수 있어요.'라는 의미로 생각하면 될 것 같습니다.

이렇게 써보세요

● Stay tuned for the news coming up next.
다음은 뉴스 시간입니다. 채널을 고정해주세요.

● The project is still under discussion, so stay tuned.
이 프로젝트는 여전히 논의 중이니 지켜봐주세요.

● Stay tuned. This show is going to get more interesting.
채널 고정, 부탁합니다. 이 쇼는 점점 흥미로워질 겁니다.

I tweeted about that.
그것에 대해서 트위터에 글을 올렸죠.

인터뷰 진행자는 방탄소년단 신작 앨범에서 시아와의 콜라보가 특히 궁금했나 봅니다.

 Sia, she's on this album, how was the experience collaborating with her?
이번 앨범에 시아가 참여했는데, 그녀와의 콜라보 경험은 어땠나요?

 6 years ago when *Chandelier* was first released
6년 전 'Chandelier'가 처음 나왔을 때

I watched the music video, I was shocked.
저는 뮤직 비디오를 보고 충격을 받았어요.

This artist has got to become No. 1 on the Billboard chart.
'이 아티스트는 빌보드 1위에 올라야 마땅하다.'

I tweeted about that.
그런 내용으로 트위터에 글을 올렸죠.

And then the collaboration happened.
그리고는 그 콜라보가 이루어진 겁니다.

🔗 BTS on the Part of 'Map of the Soul: 7' That Gives Them GOOSEBUMPS | Full Interview 3:51

덕질로 배우는 표현

experience	경험
shocked	충격 받은
has got to ~(동사)	~해야 한다

 지금(2020년 8월 초) 방탄소년단의 트위터는 약 2,781만 명이 팔로우하고 있습니다. 그리고 이들은 트위터에서 왕성하게 활동을 하고 있죠.

 전 세계 아미들이 방탄소년단의 트위터에서 만나는 거네요.

그런 셈이죠. 트위터에는 짧은 글을 쓰거나 사진을 남길 수 있습니다. 그래서 트위터를 이용할 때 쓰다 write, 남기다 leave, 포스팅을 올리다 post 등의 단어를 떠올릴 수 있지만 그냥 간단하게 tweet라는 단어 하나면 다 커버할 수 있습니다. 동사, 명사 둘 다 됩니다.

원래 tweet은 '새가 지저귀다'라는 뜻이지만, 트위터가 인기를 얻으면서 '트위터에 글이나 사진을 올리다'라는 새로운 의미가 생겼어요.

이렇게 써보세요

● I tweeted something this morning, and it got over 200 retweets. 오늘 아침에 트위터에 뭘 올렸는데 200번 넘게 리트윗됐어.

● She tweets about political issues at times.
그녀는 가끔 정치적인 문제에 관한 트윗을 남긴다.

● A tweet from a superstar always gets attention.
굉장히 유명한 스타의 트윗은 항상 관심을 끈다.

What we're doing is something no one has ever done.

우리가 하고 있는 것은 일찍이 아무도 해보지 않았던 일입니다.

새 앨범이 나오면 방탄소년들은 어떻게 홍보할까, 궁금하지 않나요?

 When you're thinking about how to promote, how to share this album with the world, what do you do? 이 앨범을 홍보하고 전 세계 사람들에게 알리고 싶을 땐, 어떻게 합니까?

 That's up to our label. 그건 저희 소속사에 달렸어요.

We just concentrate on things like music, performances and practice.
우리는 음악, 공연, 연습 같은 것에만 집중합니다.

What we're doing is something no one has ever done. 지금 우리가 하고 있는 건 일찍이 아무도 해보지 않았던 일입니다.

So, every time we release a new album we get a headache. 그러니까 새로운 앨범을 낼 때마다 머리가 아프죠.

🔗 BTS on the Part of 'Map of the Soul: 7' That Gives Them GOOSEBUMPS | Full Interview 1:44

덕질로 배우는 표현

promote	홍보하다	**release**	(앨범이나 책 등을) 내다
concentrate on ~	~에 집중하다	**label**	표: 딱지: 음반사, 레이블

 방탄소년단은 같은 스타일에 안주하지 않고 항상 새로운 것을 시도해요. 그래서인지 앨범이 나올 때마다 이번에는 무얼 보여줄까 한껏 기대하게 돼요.

 믿고 듣는 방탄소년단! 뭘 들고 나와도 다 좋아요.

인터뷰에서 RM은 '우리가 하고 있는 일'을 'what we're doing is~'라고 했습니다. 'What+주어+동사'는 명사절이 되어 주어로도 사용됩니다. Doing 다음에 바로 is가 나와서 이 부분만 보면 어떻게 된 영문인지 헷갈릴 수 있지만, 영어 문장의 의미를 파악할 때는 단어 하나하나가 아니라 덩어리를 보는 것이 중요합니다. What we're doing을 주어 한 덩어리로 생각하면, 그 뒤에 동사 is가 나와도 이상할 것이 없습니다.

이렇게 써보세요

● **What you said is rude.** 네가 말한 것은 무례하구나.

● **What they are doing is changing the world.**
그들이 하고 있는 일이 세상을 바꾸고 있다.

● **What she eats is none of your business.**
그녀가 뭘 먹든 네가 상관할 바가 아니다.

It's been a decade.
10년째입니다.

연습생 시절부터 오랜 시간을 함께해온 방탄소년단 멤버들, 서로 싸우기도 할까요?

You all still live together.
지금도 멤버들이 다같이 살고 있죠.
You must have had some huge arguments in your time.
크게 말싸움을 한 적이 분명히 있을 텐데요.

But it's been a decade and we found a really efficient way to solve that.
하지만 10년째이다 보니 아주 효율적으로 해결하는 방법을 찾았어요.

Which members of the band are likely to have an argument?
팀 내에서 누가 제일 자주 다투나요?

Jimin and V.
지민이랑 뷔요.

 BTS Carpool Karaoke 8:09

덕질로 배우는 표현

must have ~(동사 과거분사)	~했음에 틀림 없다
efficient	효율적인
be likely to ~(동사)	~할 것 같은, ~할 가능성이 높은

방탄소년들은 가족처럼 사이 좋게 지낸다고 합니다. 그래도 사소한 다툼 같은 것이 아예 없기는 힘들겠죠.

지민과 뷔가 제일 많이 싸운다니, 그만큼 많이 친할 것 같아요.

오랜 시간을 함께한 만큼 애정이 느껴지죠?

연습생 시절부터 10년이라고 할 때 ten years라고 할 수도 있었지만, RM 은 a decade라고 말했습니다. 여기서 접두사 deca-는 10이라는 뜻입니다. Decade는 기간을 말할 때 굉장히 자주 나오는 표현이에요. 5년이라고 할 땐 five years 대신에 half a decade라는 표현을 쓰기도 합니다.

이렇게 써보세요

● We have been friends for a decade.

우리는 10년째 친구다.

● I invested in this project for more than half a decade.

나는 이 프로젝트에 5년 이상을 투자했다.

● She was pretty reckless a decade ago.

10년 전에 그녀는 상당히 무모했다.

We could stumble from time to time.
때로는 휘청거릴 수도 있죠.

데뷔 이후 산전수전을 다 겪은 방탄소년단, 이번에는 어떤 마음으로 앨범을 만들었을까요?

 The lead single is *ON*. What does that represent?
리드 싱글이 'ON'인데 어떤 의미가 있나요?

 We've been doing a reboot.
우리는 리부트를 쭉 해오고 있습니다.

Our second single was *N.O.*
그런데 두 번째 싱글이 N.O.였어요.

So, it's a reverse of N.O.
N.O.를 거꾸로 하면 ON이 되죠.

And ON represents 'bring it on.'
ON은 bring it on (덤벼봐, 한 번 해보자)을 뜻하고요.

We could stumble from time to time.
때로는 휘청거릴 수도 있죠.

Bring it on. We're going to face it.
다 덤벼. 우리가 맞붙어줄 테니까.

🔗 BTS on First Impressions, Secret Career Dreams and Map of the Soul: 7 Meanings 6:25

덕질로 배우는 표현

represent	대변하다, 의미하다
reverse	반대, 거꾸로, 뒤집기
stumble	휘청거리다

- -

 아무리 잘나고 멋진 사람도 살다 보면 때로는 힘들고 어려운 일을 겪습니다. 그럴 때 절망하며 주저앉아버릴 수도 있지만, '어디 한 번 해보자!'라고 마음먹을 수도 있겠죠?

 "Bring it on!" 방탄소년단은 해낼 수 있을 거예요. 저도 그렇고요.

물론이죠. 언제든지 해낼 수 있고 말고요!

가끔이라고 할 때 우리는 sometimes를 흔히 떠올립니다. 하지만 원어민은 이 외에도 다양한 표현을 사용해요. From time to time이 그중 하나고요. At times라든가 once in a while도 흔히 들을 수 있습니다. 이렇게 다양한 표현을 알아두면 말하기뿐 아니라 듣기에도 도움이 많이 됩니다.

이렇게 써보세요

● We see each other from time to time.
우리는 가끔씩 만나는 사이야.

● He gets angry at times. 그는 가끔 화를 낸다.

● I eat pizza once in a while. 나는 가끔 피자를 먹는다.

It was kind of out of order.
좀 뒤죽박죽이었어요.

그래미 시상식 같은 큰 무대를 준비하다 보면 크고 작은 문제들이 생기게 마련이겠죠.

 How did the rehearsal go?
리허설은 어땠나요?

 It was okay. There were some technical issues.
괜찮았어요. 그런데 기술적인 문제가 좀 있었죠.

It was kind of out of order.
좀 뒤죽박죽이었어요.

And we did it over and over again.
그래서 했던 걸 자꾸 반복하고 그랬습니다.

But it was still fun.
그래도 여전히 재밌었어요.

 BTS Gives a Preview of Their Grammys Performance | E! Red Carpet & Award Shows 1:01

덕질로 배우는 표현

technical	기술적인
issue	문제
over and over again	자꾸자꾸, 반복해서

 아티스트가 무대에 서려면 많은 준비가 필요합니다. 철저한 연습은 물론 이거니와 조명, 사운드 시스템 등이 제대로 작동해야 하죠.

 무대 준비가 잘 이뤄지지 않으면 속상할 것 같아요. 고장난(out of order) 게 있었다는 걸 보면요.

 Out of order는 흔히 '고장난'이라는 뜻으로 많이 알고 있습니다. 하지만 말 그대로 order (순서)가 out of (밖으로 나가버린), '순서 없이 뒤죽박죽' 이라는 뜻으로도 쓸 수 있어요. '그럼, 그 두 가지 뜻을 어떻게 구분하지?' 라고 생각하는 분들이 있는데 문맥으로 파악하면 됩니다. 신체 부위인 '눈'과 하늘에서 내리는 '눈'을 우리가 헷갈리지 않는 것처럼요.

이렇게 써보세요

● **This machine is out of order.** 이 기계는 고장났다.

● **These books are out of order.** 이 책들은 순서가 엉망이다.

● **I dropped the file, now the pages are out of order.**
내가 파일을 떨어뜨리는 바람에 페이지가 뒤죽박죽이야.

28 It's something we can never get used to.
그건 절대 익숙해지지 않는 거예요.

방탄소년들의 열성 팬인 아미가 화제에 올랐습니다.

 You have incredible loyal fans around the world. How does that help keep you going?
전 세계에 믿을 수 없을 정도의 열성 팬들이 있는데, 그게 어떤 식으로 계속할 수 있는 힘을 주나요?

 It's something we can never get used to.
그건 절대 익숙해지지 않는 거예요.

We have performances in front of 50,000~ 60,000 people.
우리는 5~6만 명의 관객 앞에서 공연을 해요.

It's still amazing.
여전히 놀라울 뿐입니다.

It truly transcends languages, races, nationalities and everything.
음악은 진정으로 언어, 인종, 국가, 그리고 모든 걸 초월합니다.

🔗 BTS Gives a Preview of Their Grammys Performance | E! Red Carpet & Award Shows 1:14

덕질로 배우는 표현

incredible	믿기 힘든, 엄청난
loyal	충실한
transcend	초월하다

 방탄소년단의 인기가 하늘을 찌르는데, 여전히 그것이 믿기지 않고 낯선 느낌이라고 합니다. 유명하다고 오만하게 굴지 않고 겸손한 모습에서 진심이 느껴져요.

 팬들의 응원이 당연한 게 아니라 늘 고맙고 놀라운 힘이 된다는 얘기잖아요. 무언가가 당연해서 익숙해진다고 할 때는 get used to라는 표현을 쓸 수 있습니다. 가끔 used to와 헷갈려 하는 분들을 보는데 이 둘은 전혀 다릅니다. Used to는 '(과거에) ~하곤 했다'는 뜻이에요. Get에는 '어떤 상태가 되다'라는 의미가 있는데, 과거에 어떤 일을 계속 했다면 지금쯤은 익숙해졌겠죠? 이런 식으로 연상해서 기억하면 혼란을 줄일 수 있습니다.

이렇게 써보세요

● I used to watch this movie every weekend.
나는 주말마다 이 영화를 보곤 했다.

● She will get used to driving a car soon.
그녀는 곧 차를 운전하는 데 익숙해질 거야.

● We got used to this crowded environment.
우리는 사람들이 붐비는 환경에 익숙해졌다.

He shoots videos and edits them himself.
영상을 촬영하고 편집까지 직접 해요.

방탄소년들에게 '꿈 같은' 휴일은 어떤 모습일까, 궁금하지 않나요?

Tell me about you guys' ideal day off.
여러분이 생각하는 이상적인 휴일은 어떤 건지, 말해봐요.

Just sleep and game.
자는 거랑 게임이요.

You know _League of Legend_?
'리그 오브 레전드' 아세요?

Video editing.
영상 편집이요.

He shoots videos and edits them himself.
저 친구는 촬영하고 편집까지 직접 해요.

Sleep and sleep.
자고 또 자는 거요.

🔗 Full Interview: BTS On What They Love About Themselves, Each Other, Dream Artist Collabs | PeopleTV 5:23

덕질로 배우는 표현

ideal	이상적인
edit	편집하다

 눈코 뜰 새 없이 바쁜 아이돌이라, 잠이 부족해서 휴일에 자는 것을 좋아하나 봅니다. 잠을 못 자면 사람이 피폐해지니까요.

 잠 자고 게임하고. 저랑 비슷하네요. 영상 편집은 정말 재밌을 듯한데요?

RM이 정국의 휴일을 설명하고 있죠?

무언가를 '직접' 한다고 할 때는 RM이 말한 것처럼 문장 끝에 oneself를 붙여주면 됩니다. 다른 사람의 도움 없이 스스로(직접) 한다는 강조의 의미를 담고 있어요. Oneself 대신에 by oneself나 on one's own(혼자, 스스로)을 써도 비슷한 뜻이 됩니다.

이렇게 써보세요

● I made this cake myself.

내가 이 케이크를 직접 만들었다.

● He assembled this chair by himself.

그는 이 의자를 스스로 조립했다.

● She likes to travel on her own.

그녀는 혼자 여행하는 것을 좋아한다.

30

There is not enough time for us.

우리에겐 시간이 충분하지 않아요.

누구든 성공으로 나아가는 길에는 극복할 과제가 한둘이 아닐 겁니다.

What was one of the biggest challenges you guys had to overcome in your career so far?
지금까지 커리어를 쌓아오면서 극복해야 했던 가장 큰 문제가 어떤 것이었죠?

I think it is always time and sleep.
항상 시간과 잠이 문제라고 생각해요.

Like we just told you, everyone said the ideal day off is to sleep.
방금 말했듯이, 다들 이상적인 휴일은 잠 자는 거라고 했잖아요.

We're not joking. There is not enough time for us.
농담이 아닙니다. 우리에게는 시간이 넉넉지 않아요.

🔗 Full Interview: BTS On What They Love About Themselves, Each Other, Dream Artist Collabs | PeopleTV 5:38

덕질로 배우는 표현

challenge	도전, 어려운 문제
overcome	극복하다
day off	휴일

 방탄소년단은 한국, 미국뿐만 아니라 지구촌 방방곡곡을 누비면서 활동합니다. 그러니 몸이 열 개라도 모자라겠죠.

 방탄소년단에게 충분한 시간이 주어지면 좋겠어요.

'충분하다'라고 말하고 싶을 때는 enough를 써서 표현할 수 있습니다. '~을 하기에 충분하다'라고 말하고 싶을 땐 'enough to ~(동사)'를 사용하고요. '~에게 충분하다'라고 하고 싶으면 'enough for ~'를 쓰면 됩니다.

이렇게 써보세요

● This is not enough food for me.
이 음식은 나에게 충분하지 않다.

● I can't thank you enough for your kindness.
당신의 친절함에는 아무리 감사해도 모자랄 거예요.

● There are enough chairs to sit.
앉을 의자가 충분히 있다.

NCT(Neo Culture Technology)의
두 번째 서브 그룹인 NCT 127은 한국과
일본을 중심으로 활동해서 우리에게 더
가깝고 친숙하죠.
개방성과 확장성이 그룹의 핵심 키워드
라는 사실이 암시하는 바와 같이
자유롭게 활동 영역을 쑥쑥 넓히고 있는
멤버들!
세계 곳곳에서 활약하는 NCT 127의
인터뷰를 들어보기로 합시다.

쟈니·해찬·유타·도영·정우
재현·마크·태용·태일

In the end, it came out really well.
결국에는 굉장히 잘 나왔어요.

뮤직 비디오를 찍으려면 고생을 하겠지만, 나름 재미도 있을 것 같습니다.

 What do you guys remember about making the music video for this?
여러분들은 이 뮤비를 찍으면서 뭐가 기억에 남았나요?

 (유타의 대답 통역) **It was actually our first time filming in the desert.**
사실 사막에서 뮤비를 찍는 것은 생전 처음이었어요.

So, it was really hot but, in the end, it came out really well.
그래서 엄청 덥긴 했지만, 결국 굉장히 잘 나왔어요.

 You guys were sweating with all the dancing too. 춤 추느라 다들 땀을 뻘뻘 흘리더라고요.

🔗 NCT 127 Share Special Message to Their Fans and Say 'Be Prepared' for New Music (Exclusive) 1:34

덕질로 배우는 표현

our first time ~ing	우리가 생전 처음 ~하는
come out well	(결과가) 잘 나오다
sweat	땀을 흘리다

 2019년 7월 NCT 127은 'Highway to Heaven'이라는 곡을 발표했습니다. 부드럽고 감미로운 멜로디와 시원한 느낌이 드는 뮤직 비디오가 인상적이었죠.

 덥고 힘들었을 것 같은데 In the end, it came out really well.이라는 대답에서 멤버들의 보람이 느껴져요.

 우리는 어떤 일을 할 때 끝(end)에 어떤 결과가 올지를 예상합니다. 그래서 in the end라고 하면 '끝 안에서 벌어지는', 즉, '결국'이라는 뜻이 되죠. 이 표현은 문장 맨 앞에 두어도 좋고, 맨뒤에 붙여도 좋습니다. 비슷한 표현으로는 at the end가 있는데, 이건 말 그대로 '마지막에'라는 의미입니다.

이렇게 써보세요

● **In the end, everything will be okay.** 결국에는 다 괜찮을 거야.

● **Things went sour at the end.** 마지막에 일이 틀어져버렸다.

● **In the end they got married.** 그들은 결국 결혼했다.

We always have diversity as our main trait.

우리가 지닌 주된 특징은 언제나 다양성입니다.

NCT 127는 자신들의 음악적 특성을 뭐라고 생각하고 있을까요?

How would you guys say your music comepares to other mainstream artists?

다른 메인스트림 가수들과 비교했을 때 NCT 127의 음악은 어떻다고 말할 수 있을까요?

I want people to know NCT 127 as a group who can really reach out to a lot of genres.

사람들이 우리를 다양한 장르를 소화할 수 있는 그룹으로 알았으면 좋겠어요.

I think that's our main core purpose.

그게 바로 우리의 핵심적인 목적이라고 생각하거든요.

We always have diversity as our main trait.

우리가 지닌 주된 특징은 언제나 다양성입니다.

🔗 NCT 127 Share Special Message to Their Fans and Say 'Be Prepared' for New Music (Exclusive) 4:35

덕질로 배우는 표현

compare to ~	~와 비교되다, ~에 비해서 어떠하다
core	핵심
purpose	목적
diversity	다양성, 포괄성

 NCT 127은 한국, 미국, 일본, 중국, 캐나다 출신의 멤버들로 이루어져 있죠. 그러다 보니 다양함이 그룹의 개성이자 특징입니다.

 글로벌 팀이네요. 다양한 음악을 접하고 앨범에 담아내는 것 같아요.

마크가 NCT 127의 다양성을 이야기할 때 diversity라는 명사를 썼습니다. 다양한 색깔, 인종, 언어 등을 표현할 때 종종 사용하는 단어이므로, 이들에게 굉장히 잘 어울리는 어휘라고 할 수 있죠. '다양한'이라는 형용사로 쓰고 싶으면 diverse라고 하면 됩니다.

이렇게 써보세요

● America accepted cultural diversity.
미국은 다양한 문화를 받아들였다.

● There are diverse groups in this community.
이 지역사회에는 다양한 집단이 있다.

● Dictators don't allow diversity.
독재자는 다양성을 허락하지 않는다.

33

It's important how we can sometimes kind of lean on one another.

어떻게 우리가 때때로 서로에게 좀 의지할 수 있느냐, 이게 중요하다고 생각해요.

문화적 배경이 다른 여러 나라의 멤버들이 이끌어가는 그룹, 그런데도 서로 친하고 화목한 비결은 무엇일까요?

Juggling travel, busy schedule, different personalities, how do you guys deal with all of that? 투어 조정, 빡빡한 스케줄, 서로 다른 성격, 이 모든 걸 어떻게 해결하나요?

Team work maybe? 팀워크 아닐까요?

Because we're always traveling with the same people. 왜냐하면 저희는 항상 같은 사람들과 투어를 하거든요.

I think it's important how we can sometimes kind of lean on one another. 어떻게 우리가 간혹 서로서로 좀 의지할 수 있느냐, 이게 중요하다고 생각해요.

Because we eat together, we're in the same house together. 밥도 함께 먹고 한 숙소에서 같이 생활도 하니까요.

I think that kind of shows in our performances as well. 그게 공연할 때도 약간 드러나는 것 같고요.

🔗 NCT 127 Share Special Message to Their Fans and Say 'Be Prepared' for New Music (Exclusive) 6:06

덕질로 배우는 표현

deal with ~	~를 처리(해결)하다
one another	서로
~ as well	~ 또한, ~도

 대부분의 케이팝 그룹은 멤버들이 합숙을 합니다. 가족보다 멤버와 보내는 시간이 더 많다 보니 그만큼 서로를 이해하고, 함께 지내는 게 자연스럽겠죠?

 멤버들 사이가 진짜 좋아 보여요.

사이가 돈독하다면 고민을 털어놓고 기댈 수도 있겠죠. Lean on은 '누군가에게 기대다'라는 뜻인데, 말 그대로 힘들고 지쳤을 때 어떤 사람의 어깨 위에 머리를 기대는 모습을 상상해보세요. 몸이 지쳤을 때나 마음이 지쳤을 때 lean on 할 수 있는 사람이 있으면 좋겠죠.

이렇게 써보세요

● A couple can lean on each other for support.
커플끼리는 서로를 지지해주며 기댈 수 있다.

● He always had his brother to lean on.
그에게는 언제나 의지할 형제가 있었다.

● Lean on me if you are dizzy. 어지러우면 나에게 기대.

34 Everyone has potential.
누구에게나 가능성이 있어요.

NCT 127이 뉴욕에서 가졌던 단독 인터뷰입니다.

What do you want fans and new listeners to learn about it or know about it?
여러분의 팬들, 그리고 여러분의 음악을 처음 듣는 사람들이 뭘 배우고 알았으면 좋겠어요?

Our EP is called *We are Superhuman*. The title song is called *Superhuman*.
이번에 발매된 저희 EP의 제목은 「We are Superhuman」이고 타이틀곡은 'Superhuman'입니다.

What we want to spread is positive vibes.
저희는 긍정적인 기운을 퍼트리고 싶어요.

And we want to talk about how I am a superhuman, you are a superhuman, we are superhumans.
나, 당신, 우리 모두가 슈퍼 휴먼이라는 것을 말하고 싶고요.

Everyone has potential. 누구에게나 가능성이 있어요.

🔗 NCT 127 Talks 'We Are Superhuman' EP, Touring In The U.S. + More! | Exclusive Interview 0:55

덕질로 배우는 표현

spread	퍼트리다
talk about ~	~에 관해 이야기하다
potential	(명사)가능성, 잠재력; (형용사)~할 가능성이 있는

- -

 2019년 5월 NCT 127은 'Superhuman'이라는 곡이 수록된 EP 「We are Superhuman」을 발표했습니다. 미래 지향적이고 감각적인 뮤직 비디오에 세련된 사운드가 잘 어우러지는 앨범이었죠.

 We are superhumans! 우리 모두 슈퍼 휴먼이 될 가능성이 있다는 말을 들으니 힘과 용기가 솟아나는데요.

 Potential(가능성, 잠재력)이라는 단어는 상황에 따라 긍정적인 의미일 수도 있고, 부정적인 뜻을 나타낼 수도 있어요.

쟈니가 사용한 Everyone has potential.이라는 문장은 상대방에게 용기를 북돋워주는 말입니다. "난 해도 안 돼, 가능성이 없어." 이런 식의 의기소침한 태도를 보이는 사람에게 지그시 건네주면 좋아요.

You can do it!(넌 할 수 있어!)이라는 말과 함께요.

이렇게 써보세요

● They have potential to grow bigger.
그들에게는 더 크게 성장할 수 있는 가능성이 있다.

● There are potential conflicts. 분쟁이 생길 가능성이 있다.

● We have potential buyers for this house.
이 집을 사려는 잠재적인 구매자들이 있다.

35 I was going to say that.
제가 그렇게 말하려고 했는데요.

마크와 쟈니는 영어가 유창하다 보니 서로 대화를 많이 나누고, 마음이 잘 통한다고 합니다.

 What is one superhuman quality about you guys?
여러분들이 가지고 있는 슈퍼 휴먼의 자질이 뭔가요?

 I feel like us being NCT 127 itself is a superpower.
우리가 NCT 127이라는 것 자체가 슈퍼 파워인 것 같아요.

I feel like all of us together makes us the superhumans together.
모두가 함께한다는 사실이 우리를 슈퍼 휴먼으로 만들어준다는 느낌입니다.

 Basically, the Avengers.
기본적으로 어벤져스 같은 거죠.

 I was going to say that.
내가 바로 그 말을 하려고 했는데.

🔗 NCT 127 Talks 'We Are Superhuman' EP, Touring In The U.S. + More! | Exclusive Interview 1:14

덕질로 배우는 표현

quality	자질
was going to ~(동사)	~하려고 했다

 NCT 127의 영상을 보면 멤버들끼리 사이가 참 좋아 보입니다. 팀워크 관리를 그만큼 잘한다는 얘기겠죠. 인터뷰에서 서로를 띄워주는 말도 많이 하고요.

 '우리는 함께여서 슈퍼 휴먼일 수 있다'고 말하는 게 멋지네요. 마크가 자신이 하려던 말을 뺏겼다고 안타까워 하는 게 귀여워요.

 '~을 하려고 했었는데'라고 말하고 싶을 때는 '주어 was(were) going to 동사'의 형태로 문장을 만들 수 있습니다. 마크가 I was going to say that.(내가 그 말을 하려고 했는데.)라고 한 것처럼요. 멋진 말을 하려다가 간발의 차이로 놓쳐버리면 아쉽긴 하지만, 가만히 입다물고 있는 것보다 "에잇, 나도 그 말 하려고 했는데!"라고 한 마디 내뱉어보는 것도 좋은 생각입니다.

이렇게 써보세요

● She was going to do it. 그녀가 그거 하려고 했는데.

● They were going to sing that song. 그들이 그 노래를 부르려고 했는데.

● I was going to eat the last cookie. 내가 마지막 쿠키를 먹으려고 했는데.

36 Bring everybody.
모두 다 데려오세요.

NCT 127가 뉴욕 방문 후에 시카고까지 갈 거라고 하니까 쟈니가 즐거워합니다.

 Are you very excited to go to Chicago and Toronto?
시카고와 토론토에 가게 되어서 무척 신이 나요?

 I'm hoping to take them to my house, get some home-cooked meals from my mama.
저는 멤버들을 우리 집에 데려가서 엄마가 요리한 집밥을 대접하고 싶어요.

 Mama's ready for all these boys?
이 친구들을 다 데려가도 엄마가 괜찮을까요?

 She's like "Bring everybody."
엄마는 모두 다 데려오라고 하던데요.

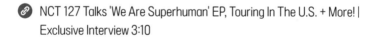 NCT 127 Talks 'We Are Superhuman' EP, Touring In The U.S. + More! | Exclusive Interview 3:10

덕질로 배우는 표현

excited	신나는
home-cooked	집에서 요리한
ready for ~	~를 맞이할 준비가 된

 쟈니는 시카고 출신의 교포입니다. 그래서 원어민 영어를 구사하고, 영어로 인터뷰할 때마다 팀을 대표해 대답하고 다른 멤버들의 말도 통역해줘요.

 멤버들과 함께 집에 가면 기분이 특별할 것 같아요. Bring은 invite(초대하다)라는 의미로 쓰인 거겠죠?

 네 맞아요. 그런데 여기서 bring과 take를 헷갈려 하는 사람들이 많습니다. Bring은 "어떤 장소로 혹은 어떤 행사를 위해 물건이나 사람을 가져오다, 데려오다"라는 뜻으로 쓰이고, take는 "어떤 장소로부터 혹은 어떤 사람으로부터 물건이나 사람을 가져가다, 데려가다"라는 의미로 사용합니다. 쟈니 어머니의 입장에서는 아들이 NCT 127 멤버들을 어머니에게 '데려오는' 것이므로 "Bring everybody."라고 해야 옳겠죠.

이렇게 써보세요

● Can I bring anything for the party?
내가 뭐든 파티에 가져갈 것이 있니?

● She will take this book.
그녀는 이 책을 가져갈 것이다.

● Money doesn't always bring happiness.
돈이 항상 행복을 가져오는 것은 아니다.

We thought we were going to get lost.
길을 잃어버릴 줄 알았거든요.

생전 처음 타본 뉴욕의 지하철, 길을 잃지 않고 목적지까지 간 것만으로도 뿌듯합니다.

 What's been your favorite part of visiting New York City?
뉴욕에 방문해서 가장 좋았던 게 뭐예요?

 Actually, Doyoung and I went on the subway for the first time.
사실 도영이랑 저는 지하철을 처음 타봤어요.

We got to the place we wanted to go, we were very proud of ourselves.
그래도 원하던 목적지에 잘 도착했고, 그래서 뿌듯했어요.

We thought we were going to get lost.
꼭 길을 잃어버릴 것만 같았거든요.

But we made it.
하지만 해냈습니다.

🔗 NCT 127 Talks 'We Are Superhuman' EP, Touring In The U.S. + More! | Exclusive Interview 5:34

덕질로 배우는 표현

for the first time	처음으로
get to ~(명사)	~에 도착하다
get lost	길을 잃다

- -

 대중교통이 잘 발달한 한국과는 달리, 미국은 대중교통이 미비한 곳도 많습니다. 뉴욕처럼 인구가 밀집된 대도시가 아닌 이상, 대개는 자동차로 다니죠.

 타지에서 대중교통을 잘 이용한 게 뿌듯한가봐요. 그런데 get은 '얻다'라는 뜻 아닌가요? 그럼, get lost는 어떻게 됐다는 거예요?

 Get에는 '~을 얻다'라는 뜻 말고도 다양한 의미가 있어요. Get 뒤에 형용사가 오면 '~한 상태가 되다'라는 뜻입니다. 그래서 'get lost' 하면 lost(길을 잃은) 상태가 되다, 길을 잃는다는 의미고요. 이외에도 get well(몸 상태가 좋아지다), get confused(헷갈리다, 어리둥절해지다) 등 다양한 형용사와 조합하여 활용할 수 있습니다.

이렇게 써보세요

● He got lost in New York city.

그는 뉴욕에서 길을 잃었다.

● Tourists often get lost in big cities.

대도시에서 여행자들은 종종 길을 잃어버리곤 한다.

● If you get lost, call me.

혹시 길을 잃으면 전화하세요.

38

It's always nice to be here.
여기에 오면 항상 좋아요.

빌보드와의 인터뷰, 편하고 부담없는 일상사를 주고받습니다.

 How does it feel to be here?
여기 오니까 기분이 어때요?

 We just got here yesterday, the weather was really nice.
어제 도착했는데 날씨가 무척 좋았어요.

It's always nice to be here.
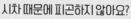
여기에 오면 항상 좋아요.

 Are you guys jet lagged at all?
시차 때문에 피곤하지 않아요?

 No, we got great sleep last night.
아뇨. 어젯밤에 엄청 잘 잤거든요.

🔗 NCT 127 on Latest Single 'Touch', New Album 'NCT 127 Empathy,' & More! | Billboard 0:28

덕질로 배우는 표현

feel	(기분을) 느끼다, 느낌이 들다
always	항상
jet lagged	시차 때문에 피곤한

 빌보드와의 인터뷰가 있었던 LA는 한국보다 날씨가 온화해서 겨울에 눈이 오지 않고, 추운 때라고 해도 한국의 가을 날씨와 비슷합니다.

 NCT 127 멤버들은 LA에서의 활동을 좋아하나 봐요.

네, 누구에게나 좋아하는 장소가 있죠. 거기 갈 때마다 기분이 좋아진다면 It's always nice to be here.라고 말하면 됩니다. 또 nice 대신에 great를 써서 It's always great to be here, 혹은 그 장소가 마음의 위안을 주는 곳이라면 It's always comforting to be here.라고 표현할 수 있습니다.

이렇게 써보세요

● I hope everyone is happy to be here.
여기 오신 모든 분이 즐겁기를 바랍니다.

● Don't you think it's great to be here?
여기에 오니까 굉장히 좋지 않니?

● Susan said it is comforting to be here.
수잔은 여기에 오면 마음이 편안해진다고 했다.

39 We want to come more often.
더 자주 오고 싶어요.

왜 NCT 127은 LA를 특별히 좋아할까요?

 How does it feel to have those fans waiting for you?
팬들이 공항에서 기다리고 있는 걸 보면 기분이 어때요?

 It's just really exciting. We are usually in Korea.
엄청 신나죠. 우리는 보통 한국에 있으니까요.

But then we come to LA and people are actually waiting for us, really happy to see us.
LA에 오면 사람들이 우릴 기다려주고, 만나서 반갑다고 엄청 좋아해요.

That just makes us more excited to come.
그래서 오는 게 더 신나고요.

We want to come more often.
더 자주 오고 싶어요.

🔗 NCT 127 on Latest Single 'Touch', New Album 'NCT 127 Empathy,' & More! | Billboard 1:07

덕질로 배우는 표현

wait for ~	~을 기다리다
but then	그러나, 다른 한 편으로는
more often	더 자주

 한국 가수들이 공항에 내릴 때마다 팬들이 기다리고 있다가 환호하고 환영해주는 영상을 SNS에서 종종 볼 수 있습니다. 그만큼 케이팝의 인기가 하늘을 찌른다는 뜻이겠죠.

 We want to come more often. 나를 좋아하는 사람을 만나러 가는 건 언제나 설레는 일이에요.

 Often 같은 빈도 부사는 be 동사나 조동사 뒤, 일반동사 앞에 쓴다고 교과서에서 배웠죠? 하지만 often의 경우에는 문장 뒤에도 많이 써요. '더 자주'는 more often이라고 하는데, 문장 중간에 오면 어색하고 문장 끝에 붙여야 자연스럽게 다가옵니다.

이렇게 써보세요

● You need to eat vegetables more often.
당신은 채소를 더 자주 먹어야 해요.

● I want to read books more often, but I don't have time.
책을 더 자주 읽고 싶지만 시간이 없어요.

● We should say thank you more often.
우리는 고맙다는 말을 더 자주 해야 한다.

40 It was something we've never done before.
전에는 한 번도 해본 적 없는 일이에요.

멤버의 수에 제한이 없는 보이 그룹 NCT, 18명으로 확대되자 어떤 기분이었을까요?

What's the difference between being back with NCT 2018 and doing your performances just as NCT 127? NCT 2018로 돌아온 것과 그냥 NCT 127로 공연하는 것, 둘 사이엔 어떤 차이가 있나요?

It feels stronger to be on stage when we're all together.
모두 함께 있을 때는 무대에 오르면 더 강렬하게 느껴집니다.

I believe that NCT, one of our specialties is performances.
우리 NCT의 강점은 역시 퍼포먼스라고 믿으니까요.

So, as a group all together for all 18 of us, it was really strong for us to perform in front of people. 그래서 18명 모두의 그룹으로 사람들 앞에서 공연할 땐 이루 말할 수 없이 강렬했어요.

It was something we've never done before.
전에는 한 번도 해본 적 없는 일이었죠.

🔗 NCT 127 on Latest Single 'Touch', New Album 'NCT 127 Empathy,' & More! | Billboard 3:13

덕질로 배우는 표현

difference between A and B	A와 B의 차이
feel stronger	더 강하게 느끼다
specialty	강점, 잘하는 분야, 전공

- -

 NCT는 멤버 영입이 자유롭고 멤버의 수도 제한하지 않아 '개방성'과 '확장성'을 내세운 그룹입니다. 2018년 초 18명의 멤버가 모두 참여한 완전체 앨범 「NCT 2018 Empathy」가 나왔죠.

 왜 이전에는 한 번도 뭉치지 않았을까요? 굉장히 멋진 무대였는데.

그러게요. 전혀 해본 적이 없는 일이라고 말할 때는 have never done before라는 표현을 쓸 수 있습니다. 어떤 행동이냐에 따라서 do의 과거분사 done 대신, 다른 일반동사의 과거분사를 써도 됩니다.

Never는 '결코 ~않다'라는 뜻을 가진 빈도부사이기 때문에, not과 함께 쓰지 않습니다.

이렇게 써보세요

🔴 I have never been to America before. 나는 한 번도 미국에 가본 적이 없다.

🔴 I have never eaten lamb before. 나는 전에 양고기를 먹어본 적이 없다.

🔴 I have never met someone like you before.
일찍이 너 같은 사람을 만나본 적이 없어.

It's good busy.
바빠서 좋아요.

전세계를 무대로 활동하는 K-Pop 스타들! 눈코 뜰 새 없이 바쁜 스타들은 여가를 어떻게 즐길까요?

 Your guys are so busy, right?

당신들은 정말 바쁘죠?

 Yes. But it's good busy.

네. 그런데 바빠서 좋아요.

 What do you do to kick back, relax, have fun in your downtime?

한가할 때는 긴장을 풀고 즐거운 시간을 보내기 위해 뭘 하나요?

 Nothing really big.

별 것 안 해요.

  We like to listen to music and watch movies.

음악을 듣거나 영화 보는 것을 좋아합니다.

🔗 NCT 127 on Latest Single 'Touch', New Album 'NCT 127 Empathy,' & More! | Billboard 4:06

덕질로 배우는 표현

kick back	긴장을 풀다
have fun	즐거운 시간을 보내다
downtime	한가한 시간

 아이돌은 무대에 서는 스케줄 외에도 연습, 자기 관리 등 보통사람들의 눈에 보이지 않는 활동으로 바쁩니다. 그래서인지 해외 인터뷰에서 쉬는 시간에는 무얼 하느냐는 질문이 자주 나오는 편이에요.

 특별한 활동을 하면서 여가를 보내진 않네요. 바쁜 활동 자체를 즐기는 것 같기도 하고요.

 우리는 busy(바쁘다)라는 표현을 부정적인 뉘앙스로 사용하는 일이 많습니다. 하지만 사람에 따라서 바쁜 것이 좋을 수도 있고 싫을 수도 있습니다. NCT 127처럼 좋아하는 일을 하면서 바쁠 때는 good busy라는 표현을 쓸 수 있습니다. 바빠서 힘들고 부정적인 감정을 느낀다면 bad busy라고 할 수 있고요.

이렇게 써보세요

● I have a lot of work to do, but it's good busy.
해야 할 일이 엄청 많긴 한데, 그래도 바쁘니까 좋아.

● I'm swamped at work. It's bad busy.
직장에서 일이 너무 많아 허우적거리고 있어. 바빠서 안 좋아.

● Their schedule is crazy, but it's good busy.
그들의 스케줄은 미친 듯이 바쁘지만, 좋은 의미로 바쁘다.

42 He matured a lot.
많이 성숙해졌어요.

서로 오랜 시간을 함께해온 NCT 127. 누가 가장 많이 변하고 성장했을까요?

 Who changed the most in the group?
그룹에서 가장 많이 변한 사람은 누구인가요?

 I guess a lot of us changed, but mentally, I would say Haechan.
변한 사람은 많겠지만, 정신적으로 보자면 해찬이라고 말하고 싶네요.

It felt like he was kind of a kid but he matured a lot.
전에는 약간 아이 같았는데 많이 성숙해졌다고 느꼈어요.

It's really cool to see him mature.
원숙해지는 걸 보니까 좋네요.

 NCT 127 on Latest Single 'Touch', New Album 'NCT 127 Empathy,' & More! | Billboard 5:50

덕질로 배우는 표현

mentally	정신적으로
feel like ~	~같은 느낌이다
a lot	많이

 해찬은 2000년 6월생으로 이 인터뷰를 했던 2018년에는 만 18세였습니다. 데뷔 당시에는 만 16세밖에 되지 않았고요.

 와! 진짜 뽀송뽀송한 나이였네요. 성장하고 변해온 모습이 가장 눈에 띄었을 것 같아요.

 사람이 '신체적, 정신적으로 성숙해진다'라고 할 때 mature라는 동사를 씁니다. 단어의 스펠링이 자연을 뜻하는 nature(네이처)와 비슷하기 때문에 '메이처'라고 읽기 쉬운데, 실제 발음은 '머추어'에 가깝습니다. 반대로 '미숙한, 유치한'이라고 말하고 싶을 때는 not의 의미를 가지고 있는 접두사 im을 붙여서 immature라고 하면 되고요.

이렇게 써보세요

● He matured a lot since 2016.
2016년 이래로 그는 많이 성숙해졌다.

● She is still immature.
그녀는 아직도 미성숙한 상태이다.

● He is pretty mature for his age.
그는 나이에 비해 꽤 성숙한 편이다.

That's one of the biggest problems we have.

우리가 맞닥뜨린 가장 큰 문제 중 하나예요.

서로 다른 국적을 가진 멤버들의 소통 문제, 인터뷰 진행자가 중요한 이슈를 콕 찝었습니다.

You guys are all from different places.
Are there any communication issues?
멤버들이 다른 나라에서 왔는데, 의사소통 문제는 없나요?

Communication is not an issue for us, because everyone speaks Korean really well.
의사소통에는 문제가 없어요, 왜냐하면 다들 한국말을 잘하거든요.

But sometimes our food preferences differ a lot. 하지만 때때로 선호하는 음식이 많이 달라요.

It's really hard to choose one menu.
그래서 한 가지 메뉴를 고르기가 무척 힘들죠.

That's one of the biggest problems we have.
우리에게 주어진 가장 큰 문제 중 하나예요.

 NCT 127 on Latest Single 'Touch', New Album 'NCT 127 Empathy,' & More! | Billboard 7:15

덕질로 배우는 표현

from different places	여러 나라 출신, 여러 곳에서 온
preference	선호
differ	다르다

 전에도 언급했다시피 NCT 127에는 한국, 미국, 일본, 중국, 캐나다에서 온 멤버들이 모여 있습니다.

 That's one of the biggest problems we have. 마음은 통해도 식성까지는 어쩔 수 없나 봐요.

 NCT 127뿐만 아니라 사람이 모여서 생활하다 보면 크고 작은 문제들이 생기겠죠. 그중 한 가지 문제를 두고 이야기할 때 one of the problems라는 표현을 쓸 수 있습니다. 복수인 problems로 끝나기 때문에 be 동사도 복수형인 are을 붙이는 실수를 하기 쉬운데, '문제 중 하나'는 단수이기 때문에 is가 와야 합니다.

이렇게 써보세요

● One of our problems is that nobody is creative enough.
우리의 문제 중 하나는 누구도 그다지 창의적이지 않다는 것이다.

● Being lazy is one of the problems.
게으르다는 것이 문제점 중 하나다.

● Can you take care of one of our problems?
당신이 우리의 문제 한 가지를 해결해줄 수 있을까요?

44 We always look up to them.
저희는 항상 그들을 우러러봐요.

NCT127 멤버들은 직접 작사-작곡에 참여하는 경우가 있을까요?

A couple of you guys have been doing a lot of songwriting.
몇몇 멤버들이 곡을 많이 쓰고 있는데요.
Any more of you doing songwriting in the near future?
앞으로는 다른 멤버들도 작곡에 참여할까요?

I feel like everyone here wants to and everyone's starting to try out.
다들 참여하고 싶어하고, 시도해보고는 있어요.
But then Mark and Taeyong are really good right now.
그런데 지금 당장은 마크와 태용이 너무 잘하고 있어서
So, we always look up to them.
우린 항상 그들을 우러러보죠.

🔗 NCT 127 on Latest Single 'Touch', New Album 'NCT 127 Empathy,' & More! | Billboard 7:46

덕질로 배우는 표현

in the near future	가까운 미래에
try out	시도하다
right now	지금 당장

 마크와 태용은 미니 1집에서부터 작사에 참여했고, 미니 2집에서는 작곡도 했습니다. 둘 다 랩을 맡고 있는데, 래퍼들은 언어적인 감각이 뛰어나서인지 가사도 잘 쓰는 것 같습니다.

 정규 2집에서는 쟈니도 작사에 참여했어요! 함께 작업하면서 성장해나가는 게 보여요.

 누가 무언가를 특출나게 잘하거나, 내가 가지고 있지 않은 것을 가지고 있다면, 우리는 그 사람을 우러러보고 존경하게 됩니다. 이럴 때는 look up to라는 표현을 쓸 수 있는데, 말 그대로 '~을 향해서 올려다본다'는 뜻입니다. 그 반대는 look down upon인데, '내려다본다'는 거니까 '깔보다'라는 의미가 되고요.

이렇게 써보세요

● I always look up to my parents.
난 항상 우리 부모님을 우러러본다.

● You shouldn't look down upon anyone.
누구든 사람을 깔보면 안 된다.

● Tell me about someone who you look up to.
당신이 우러러보는 사람에 대해 이야기해보세요.

45

I actually text Johnny the most.

사실 쟈니에게 문자를 제일 많이 해요.

Truth or Dare! NCT 127 멤버들의 질문 뽑기+미션. 쟈니는 Dare를 선택해서 춤을 춰야 했고, 마크는 Truth 진실만을 답해야 합니다.

 Which NCT 127 members do you text the most?

NCT 127 멤버 중 누구한테 문자를 제일 많이 보내죠?

 Well, that's actually kind of hard.

음, 사실 좀 어려운 질문인데.

'Cause they're all kind of similar.

왜냐면 비슷비슷하게 보내거든요.

I think **I actually text Johnny the most.**

사실 쟈니에게 문자를 제일 많이 하는 것 같아요.

 NCT 127 Play I Dare You | Teen Vogue 1:03

text ~	~에게 문자를 보내다
well	음..
'cause	because의 캐주얼한 표현

 마크는 캐나다 출신 원어민이고, 쟈니는 미국 출신 원어민이기 때문에 서로 편하게 영어를 할 수 있어서 문자를 많이 주고받나 봅니다.

 Text는 글, 문서 등을 가리키는 명사로 알고 있는데, 여기서는 동사로 쓰인 건가요?

 네, 맞아요. 문자를 보낼 때는 send a message라고 해도 되지만 간편하게 text라고 써도 됩니다. Send a message를 쓸 경우에는 뒤에 to를 꼭 붙여야 하지만, text 뒤에는 to 없이 그냥 받는 사람(목적어)을 써요. 여러모로 간편하고 더 쉽기 때문에 원어민이 애용하는 표현입니다.

이렇게 써보세요

● I texted you yesterday. Did you get it?
어제 문자 보냈는데 받았니?

● She texts her boyfriend all day long.
그녀는 남자친구에게 하루 종일 문자를 보낸다.

● John texted Jane, but she ignored it.
존은 제인에게 문자를 보냈지만, 제인은 무시했다.

46 It was a great opportunity for us.
우리에게는 큰 기회였어요.

영어 버전으로 녹음한 싱글 'Highway to Heaven'은 멤버들에게 특별한 의미로 다가옵니다.

 Highway to Heaven is basically a song about you just relieving from your stress and really taking the highway to heaven with us through our music. 기본적으로 'Highway to Heaven'은 듣는 이의 스트레스를 덜어주고, 음악을 통해 우리랑 진짜로 천국행 고속도로를 타는 느낌을 주는 노래예요.

 Every time we record in different languages, I think we fit into that vibe.

다른 언어로 녹음할 때마다 우리가 그 특별한 분위기 속으로 빠져드는 것 같아요.

 Recording the English version of *Highway to Heaven* was a great opportunity for us.

'Highway to Heaven'을 영어로 녹음한 것은 우리에게 큰 기회였어요.

🔗 NCT 127 "Highway to Heaven" Official Lyrics & Meaning | Verified 0:33

덕질로 배우는 표현

relieve from ~   ~를 완화하다(덜다)
through ~   ~을 통해서
fit into ~   ~ 안으로 빠져들다, ~에 맞춰지다

 케이팝의 인기가 전 세계로 퍼져 나가면서 다양한 언어로 녹음하는 일이 많아지네요. 멜로디와 반주는 같아도 곡의 분위기가 다르게 느껴져서 매력이 배가 되는 것 같아요!

 다양한 매력을 보여줄 수 있으니 큰 기회라고 할 수 있죠.

'기회'라고 할 때 많은 분들이 더 간단한 단어인 chance를 떠올립니다. 하지만 opportunity와 chance에는 커다란 차이점이 있어요. Chance는 내가 통제할 수 없는 기회, 그러니까 가능성 혹은 행운에 가까운 기회를 뜻합니다. 반면 opportunity는 '내가 스스로 노력해 만들고 개척한 기회'라는 의미를 가지고 있습니다.

이렇게 써보세요

● You have a chance to win the lottery.
복권에 당첨될 가능성(기회)이 있다.

● This is an opportunity to improve your career.
이건 당신의 커리어를 향상시킬 기회입니다.

● I should have taken that opportunity.
그 기회를 꼭 잡았어야 했는데.

It's pretty much self-explanatory.

별다른 설명이 필요 없죠.

'Highway to Heaven' 영어 버전 가사에는 어떤 의미가 담겨있을까요?

It talks about the chemistry between you and another person, the relationship in general, and how you might miss one another.

이 노랫말은 나와 어떤 사람 사이의 서로 끌림, 사람과 사람 사이의 전반적인 관계, 그리고 서로를 그리워하게 되는 모습 등에 관한 것입니다.

It's pretty much self-explanatory, you know.

거의 별다른 설명이 필요 없어요, 그렇죠?

However you interpret it, you go and do it.

어떻게 해석하든 상관없이 그냥 하는 거잖아요.

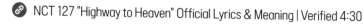

NCT 127 "Highway to Heaven" Official Lyrics & Meaning | Verified 4:30

덕질로 배우는 표현

chemistry	썸을 타거나 사귀는 사람들 사이의 분위기
miss one another	서로를 그리워하다
interpret	해석하다
relationship	(두 사람, 집단, 국가 간의) 관계, (연인) 관계

 멤버들이 가사의 뜻을 풀어주니까 어떤 느낌인지 더 잘 와닿네요! 별다른 설명이 필요 없다는 건 느껴지는 대로 들으라는 말이겠죠?

 그렇죠. 노래 가사는 듣는 사람에 따라 해석이 달라질 수 있으니까요. 인터뷰에서 쟈니가 사용한 self-explanatory라는 단어를 풀어보면 '스스로 혹은 저절로'(self) '설명하는'(explanatory), 그러니까 '알아서 설명이 되는, 설명할 필요가 없는'이라는 뜻입니다. 너무나 간단하고 이해하기 쉬워서 굳이 설명하지 않아도 되는 상황일 때 써요.

이렇게 써보세요

● It should be self-explanatory and easy to understand.
굳이 설명할 필요가 없을 정도로 이해하기 쉬운 것이다.

● The buttons on this remote controller are self-explanatory.
리모콘에 있는 버튼에 대해서는 따로 설명할 필요가 없다.

● There is not much to say. It's self-explanatory.
할 말이 별로 없다. 굳이 설명할 필요가 없으니까.

48 It's easy to get along.
서로 어울리기가 쉬워요.

NCT 127 멤버들이 트위터에 올라온 팬들의 질문에 답해주고 있습니다.

 When there are so many of you, how do you get long?

그렇게 멤버들이 많은데 서로 어떻게 지내나요?

 It might get a little rowdy at times, but I think that's a good thing as well.

가끔씩 좀 소란스러워지기도 하지만, 그게 좋은 점이기도 한 것 같아요.

 And also, it's easy to get along because we have the same goal.

게다가 우리는 같은 목표를 가지고 있기 때문에, 잘 어울리기도 쉽답니다.

I think that's really good to have.

같은 목표를 갖는다는 게 무척 좋다고 생각해요.

🔗 NCT 127 Answer K-Pop Questions From Twitter | Tech Support | WIRED
2:03

덕질로 배우는 표현

at times	가끔
rowdy	소란스러운, 왁자지껄한
good thing	좋은 일
get along	서로 잘 지내다, 잘 어울리다

- -

 멤버가 10명이나 되니 인원이 많으면 트러블이 생기기 마련이죠. 그런데도 인터뷰를 보면 서로 너무 돈독해 보여서 그 비결이 뭘까 궁금해지기도 합니다.

 같은 목표를 가진다는 것이 강력한 힘을 발휘하네요!

그래서 서로 더 잘 지낼 수 있다고 하니까요.

Get along with는 '~와 어울리다'라는 표현인데, 사이좋게 잘 지내는 경우에는 get along with ~ well이라고 하고, 반대로 사이가 나쁘고 서먹서먹하다면 get along with ~ badly라고 말합니다. Not get along with ~ well이라고 해도 되고요.

Well이나 badly 같은 부사 없이 그냥 get along만 쓰면 잘 어울린다는 의미입니다.

이렇게 써보세요

● It's difficult to get along with him. 그와 잘 지내는 건 어렵다.

● How can I get along with her?
어떻게 하면 그녀와 사이좋게 지낼 수 있을까?

● My sister and I get along well.
내 여동생(누나/언니)과 나는 무척 잘 지낸다.

49

The view at night was so amazing.

야경이 무척 멋졌어요.

뉴욕 시내 전경이 훤히 보이는 빌딩에서 인터뷰를 하고 있습니다.

 What are the similarities between Seoul and New York City?
서울과 뉴욕시의 비슷한 점이 뭘까요?

 In Seoul, I like to see the view of buildings and stuff at night.
저는 서울에 있으면 밤에 건물이니 뭐 그런 경치 보는 게 좋아요.

In New York, the view at night was so amazing.
뉴욕의 야경은 너무나도 환상적이었어요.

We loved it so much.
정말 좋았어요.

 NCT 127 Stops By To Talk About KCON New York 4:16

덕질로 배우는 표현

similarity between A and B	A와 B의 비슷한 점
~ and stuff	~ 등등, ~ 같은 것들
view	경치, 견해

서울이나 뉴욕 같은 대도시는 인구 밀도가 높아서 건물이 많고, 그만큼 밤에 불빛도 많아서 야경을 보는 재미가 비슷비슷하다고 하네요.

그렇군요. 그런데 저는 시간을 나타낼 때 전치사 in과 at이 항상 헷갈려요. '아침에'는 in the morning, '오후에'는 in the afternoon, '저녁에'는 in the evening, 그런데 '밤에'는 at night, 이런 식이에요. 그래서 그냥 외우는게 간단합니다.

'밤에'를 in the night라고 말하는 분들을 종종 봤는데, 이제 알았으니까 실수 안하겠죠? At을 붙여서 시간을 나타내는 또 하나의 경우가 바로 정오입니다. '정오에'는 at noon이라고 하면 됩니다.

이렇게 써보세요

● I like to eat at night.

나는 밤에 먹는 것을 좋아한다.

● Children should stay home at night.

아이들은 밤에 집에 있어야 한다.

● She can't see very well at night.

그녀는 밤에 눈이 어둡다.

50 I like chicken the most.
치킨을 제일 좋아합니다.

서로의 장점을 이야기하는 멤버들의 모습이 보기 좋습니다.

Mark Lee is **the second youngest** and very cute. 마크는 우리 가운데 두 번째로 어리고 진짜 귀여워요.

And his rap is amazing.
랩도 깜짝 놀라게 잘하고요.

And I **eat well**. Snacks and meals, I get all of them. 그리고 잘 먹습니다. 간식, 끼니 다 챙겨 먹어요.

I like chicken the most.
치킨을 제일 좋아합니다.

I love cooking.
저는 요리하는 걸 좋아해요.

He usually **cooks for me**. He's a really good cook.
태용이 형이 보통 저를 위해 요리를 해주는데, 엄청 잘해요.

🔗 NCT 127 Stops By To Talk About KCON New York 17:03

덕질로 배우는 표현

the second youngest	둘째 막내, 두 번째로 나이 어린
eat well	잘 먹다
cook for ~	~를 위해 요리하다

태용과 마크는 둘 다 래퍼여서 그런지 짝짜꿍이 잘 맞나 봅니다. 그룹 리더인 태용이 어린 마크를 잘 챙기는 것일 수도 있고요.

치킨은 모두가 좋아하는 음식인가 봐요. I like chicken the most!

어떤 행동을 '가장 많이 한다'고 말하고 싶을 때는 '동사+the most'를 쓰면 어렵지 않게 표현할 수 있습니다. 평서문을 만들 경우 the most는 동사와 목적어 다음에, 의문문의 경우에는 동사 바로 뒤에 붙이면 되고요. Like나 love 같은 동사를 쓸 때는 the most 대신에 the best 혹은 그냥 best라고 하는 경우도 많아요.

이렇게 써보세요

🔴 I do this the most.
난 이걸 제일 많이 해.

🔴 I like you the most in this group.
이 그룹에서 네가 제일 좋아.

🔴 Which song do you sing the most at concerts?
공연에서 어떤 노래를 제일 많이 부르나요?

2020년 6월에 컴백하자마자
100만 장이 넘는 앨범을 팔아치운
보이 밴드 세븐틴!
13명의 멤버들이 열심히 활동하며
노력해왔기에 시간이 흐를수록
점점 빛을 발하고 있습니다.
데뷔했을 때는 앳된 소년들이었는데
어느새 성인이 되어 한층 더 성장한
세븐틴이 앞으로도 팬들과 교류하며
따뜻함을 나누는 모습을 계속 볼 수
있으면 좋겠습니다.

민규·도겸·디에잇·준
호시·우지·디노·승관
조슈아·버논·정한·에스쿱스·원우

When I'm nervous,
I just go blank.
긴장을 하면 머릿속이 그냥 하얗게 돼요.

데뷔 1년 만에 뉴저지(뉴욕 근처)에서 열리는 케이콘에 초대를 받았으니, 멤버들은 과연 어떤 기분이었을까요?

 You guys came to KCON New York in 2016.
여러분, 2016년 뉴욕에서 열린 케이콘에 참여했죠.

What went through your head back then?
그때 머릿속에 무슨 생각이 들던가요?

 We were just so nervous back then.
I hardly remember.
그땐 말할 수 없이 긴장했을 뿐이죠. 거의 기억도 안 나요.

When I'm on stage, when I'm nervous, I just go blank.
저는 무대에서 긴장을 하면 머릿속이 그냥 하얗게 돼요.

So, I don't really remember anything.
그래서 정말 아무 기억도 안 납니다.

 SEVENTEEN Chat About Their Mini-Album, "You Made My Dawn" 3:55

덕질로 배우는 표현

go through ~	~를 겪다, 지나가다
back then	(과거의) 그때
hardly	거의 ~하지 않다

케이콘은 세계 각국에서 열리는 한국 음악 축제입니다. 2012년 미국에서 시작해 현재는 멕시코, 아랍 에미리트 연합국, 일본, 태국, 프랑스, 호주까지 확장되었죠.

데뷔하고 얼마 안 돼서 세계 무대에 나간 거네요! 떨릴 수밖에 없었을 것 같아요.

케이콘이 큰 축제이다 보니 무대에 설 때 긴장이 되겠죠.

버논이 '머릿속이 하얘진다'고 할 때 go blank라는 표현을 썼습니다. 형용사 앞에 go가 오면 '~한 상태로 가다, ~한 상태가 된다'는 뜻입니다. Blank는 '백지 상태'이므로 go blank는 '백지 상태가 되다, 머릿속이 하얗게 되어서 아무런 생각이 안 난다'라는 의미가 되는 거예요.

이렇게 써보세요

● My mind goes blank when I face big problems.
큰 문제에 부딪치면 아무런 생각도 안 난다.

● I went blank and I couldn't remember anything.
머리 속이 하얘져서 아무것도 기억할 수 없었다.

● Her mind went blank with grief.
그녀는 큰 슬픔으로 인해 아무 생각도 할 수 없었다.

52 It just naturally comes out.
그냥 자연스럽게 나와요.

여섯 번째 미니 앨범 「You Made My Dawn」에 관한 인터뷰 도중 나온 내용입니다.

Even though you gotta know the lyrics and everything?
가사 등등을 다 잘 알고 있는데도 그래요?

Yeah, it just naturally comes out because of our practice.
네, 연습을 많이 하기 때문에 그냥 자연스럽게 나와요.

But I don't know. We were just so nervous back then.
근데 잘 모르겠어요. 그땐 정말 긴장을 많이 했거든요.

I remember you guys did really well.
저는 여러분이 엄청 잘했던 것으로 기억하고 있어요.

🔗 SEVENTEEN Chat About Their Mini-Album, "You Made My Dawn" 4:01

덕질로 배우는 표현

gotta ~(동사)	~해야 한다 (have got to ~를 줄인 형태)
lyrics and everything	가사와 그밖의 모든 것 (등등)
because of ~	~ 때문에

- -

 한국 아이돌은 연습을 엄청나게 하기로 유명합니다. 재능이 있는 사람들을 뽑더라도 연습생 시절을 몇 년씩이나 거치고요. 세븐틴이 무대에서 보여주는 칼군무가 그냥 나오는 게 아닙니다.

 It just naturally comes out. 몸이 기억하는 대로 따라가다 보니 무대가 성공적으로 끝나 있었다는 건가요?

 그렇죠. 어떤 일을 많이 반복하다 보면 생각하지 않아도 그냥 나올 때가 있습니다. 이런 경우 It naturally comes out.이라고 하면 됩니다. 말 그대로 자연스럽게 밖으로 나온다는 의미죠. 부사인 naturally를 문장 뒤로 보내서 It comes out naturally.라고 해도 됩니다.

여러분도 세븐틴 멤버들이 열심히 연습한 것처럼 영어를 계속 연습하다 보면 생각하지 않아도 툭 튀어나오는 경지에 이르게 됩니다. 화이팅!

이렇게 써보세요

- I've practiced it so many times, it just comes out naturally.
연습을 하도 많이 해서 그냥 자연스럽게 나올 정도가 됐어.

- English comes out naturally, because I use it every day.
영어를 매일 사용하기 때문에 자연스럽게 나온다.

- Keep going until your moves come out naturally.
동작이 자연스럽게 나올 때까지 계속해라.

125

It will be above your expectation.
기대했던 것보다 좋을 거예요.

다음에 나올 앨범, 앞으로의 활동 계획 등은 누구나 궁금해하는 부분이겠죠.

 Can you tell us about new music that's coming up? 새로 나올 음악에 대해 말해줄 수 있나요?

A new album? Anything. 새 앨범? 아무 거라도요.

 (우지 통역) We're looking forward to making new music as well.
우리도 새로운 음악을 학수고대하고 있어요.

We hope everyone will enjoy the new music.
사람들이 저희의 신곡을 즐겼으면 좋겠고요.

 There is a high potential for a new song.
새로운 노래가 나올 가능성이 매우 높습니다.

It will be above your expectation.
기대했던 것보다 좋을 거예요.

🔗 SEVENTEEN Chat About Their Mini-Album, "You Made My Dawn"
12:38

덕질로 배우는 표현

come up	나오다, 생기다
look forward to ~(동사 현재진행형)	~하기를 애타게 기다리다, 학수고대하다
above ~	~보다 위에, ~을 뛰어넘어

- -

 팀 안에서 작사, 작곡, 안무를 모두 해결하는 세븐틴은 '자체제작돌'로도 잘 알려져 있죠. 특히 우지가 작사-작곡을 많이 하며 팀 내의 프로듀서 역할을 맡고 있습니다.

 우지, 정말 대단하네요! 조슈아가 "네 기대 위에 있을 것이다."라고 한 건 문자 그대로 해석하면 될까요?

 무언가가 예상보다 좋을 때는 above one's expectation이라고 말할 수 있어요. 사전을 찾아보면 above는 '~위에'라는 뜻인데, 이때 흔히 떠올리는 on과는 살짝 다릅니다. On은 ~위에 붙어있는 걸 나타내고, above는 '~위에 떠 있다'는 어감입니다. 기대보다 좋으려면 기대 위로 떠오른 상태에 있어야 하는 거니까 above를 쓴 거죠.

이렇게 써보세요

● The movie was really good! It was above my expectation.
이 영화 엄청 좋았어! 기대했던 것 이상이야.

● How was it? Was it above your expectation?
어땠어? 기대했던 것보다 좋았니?

● They performed above my expectation.
그들의 공연은 내가 기대했던 것보다 좋았다.

I'm sure everybody thinks the same.
다들 같은 생각일 거예요.

어떤 팬이 화상 메시지로 멤버들에게 감사의 말을 전했어요.

 Thank you for being such special people in my life and making every day so wonderful.
제 인생에 특별한 존재가 돼주고 하루하루를 즐겁게 만들어주어서 고마워요.

 So many messages were about the comfort and the healing you guys bring. 여러분들이 가져다 주는 편안함과 힐링에 관한 메시지가 너무나 많군요.

I think that's so significant in so many ways.
여러 면에서 정말 의미가 깊다고 생각해요.

 Yeah, it's amazing.
네, 참 놀랍지요.

I never knew I would be that kind of person to anyone.
제가 누군가에게 그런 사람이 될 거라고는 생각도 못했어요.

I'm sure everybody thinks the same.
다들 같은 생각일 거예요.

 SEVENTEEN Chat About Their Mini-Album, "You Made My Dawn"
21:48

128

덕질로 배우는 표현

in one's life	~의 인생에
significant	중요한, 의미심장한, 대단한
that kind of ~	그런 종류의 ~

- -

 아이돌 덕질을 하는 사람은 좋아하는 스타의 활동을 찾아보고 해당 스타에 관해 더 많은 것을 알아가면서 기쁨을 느낍니다.

 버논이 I'm sure everybody thinks the same.이라고 한 건 세븐틴 멤버들이 모두 공감한다는 뜻이겠죠?

 네 맞아요. 많은 사람이 모여 있어도 모두의 의견이 일치할 때가 있습니다. 그럴 때는 Everybody thinks the same.이라고 표현하면 됩니다. 추가로 '그렇게 생각한다'라든지 '그럴 거라고 확신한다' 같은 표현을 덧붙이고 싶으면, 앞에 I think(내 생각에는) 혹은 I'm sure (확신하건대)를 쓰면 되고요.

이렇게 써보세요

● **Everybody thinks the same. Don't you agree?**
다들 똑같이 생각해. 그렇지 않니?

● **They are awesome! Everybody thinks the same.**
그들은 정말 멋져! 다들 그렇게 생각해.

● **I think everybody thinks the same. Maybe except those two people.** 다들 똑같이 생각하는 것 같아. 아마도 저 두 사람은 빼고.

We can't actually make plans beforehand.
미리 계획을 세울 수가 없어요.

세븐틴에게 SNS를 통해 질문이 오고 있어요. 그 중에 생일에 관한 게 눈에 띄네요.

What are you doing for your birthday?
생일에 뭘 할 건가요?

We usually have schedule on our birthdays.
저희 생일에는 보통 스케줄이 있어요.

It will always be on stage, or it would be at concerts.
무대에 서거나 공연을 하겠죠.

We can't actually make plans beforehand.
그래서 미리 계획을 세울 수가 없어요.

But if we are free on that day, we'll try to eat good food, maybe.
하지만 그날 스케줄이 없다면 아마도 맛있는 음식을 먹을 것 같아요.

 SEVENTEEN- Answers Fan Questions| TUMBLR INTERVIEW 3:51

덕질로 배우는 표현

on one's birthday	~의 생일에
on stage	무대 위에
free	계획이 없어서 자유로운
beforehand	사전에, 미리

 우리는 아이돌이 무대에 서는 것 만을 보지만, 아이돌은 그 무대를 완벽하게 소화하기 위해 긴 시간 동안 수없이 연습합니다. 컴백이나 투어 일정이 잡히면 미친 듯이 바빠지고요. 어떤 스케줄이 생길지 모르기 때문에 생일 때 계획을 미리 세울 수 없다는 게 좀 안타깝긴 하네요.

 전철역을 지나다 보면 아이돌 멤버의 생일을 축하하는 전광판이 보일 때가 있어요. 내가 좋아하는 가수를 응원하기 위해 계획을 세워서 생일 축하 광고를 내보낸 거겠죠?

 미리 예약을 하고 전광판을 제작해야 하니까요. '계획을 세운다'고 할 때는 make plans라는 표현을 쓸 수 있습니다.

조슈아가 말했던 것처럼 미리 계획을 세울 때는 make plans beforehand (사전에, 미리), 계획을 나중에 세울 때는 make plans afterwards(후에, 나중에)라고 하면 됩니다.

이렇게 써보세요

● We'd (we had) better make plans beforehand.
미리 계획을 세워놓는 게 좋겠다.

● We will make plans afterwards. 나중에 계획을 세울 겁니다.

● Why don't you make plans beforehand?
계획을 미리 세워놓는 게 어떨까요?

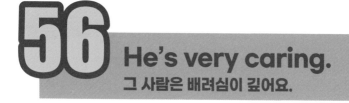

He's very caring.
그 사람은 배려심이 깊어요.

세븐틴 멤버들이 서로를 칭찬하는 시간을 갖고 있어요. 쑥스러워하면서도 막힘 없이 술술 말하네요. 같이 들어보도록 할까요?

Can you all do a compliment relay to the person to your right?
릴레이로 오른쪽 옆에 있는 사람 칭찬을 해줄 수 있어요?

Wonwoo, he's very friendly, he's very caring.
원우는 무척 친근하고 배려심이 깊어요.

He takes care of all the members, and he's very playful.
모든 멤버들을 보살피고, 장난기도 많고요.

So he makes the really good vibe for our members.
그래서 멤버 사이의 분위기를 굉장히 좋게 만듭니다.

🔗 SEVENTEEN- Answers Fan Questions| TUMBLR INTERVIEW 3:51

덕질로 배우는 표현

a compliment relay	칭찬 릴레이	caring	배려하는, 보살피는
take care of ~	~을 보살피다	playful	장난기 많은
really good vibe	정말 좋은 바이브(분위기)	friendly	친근한

 세븐틴 멤버들은 어렸을 때부터 고된 연습생 기간을 거치면서 끈끈해졌고, 데뷔 초에도 같이 고생을 많이 했기 때문에 더욱더 서로를 아끼고 의지하며 잘 지내게 된 것 같습니다.

 조슈아가 원우에 대한 칭찬을 많이 하고 싶었나 봐요. 다양한 어휘를 사용해서 조곤조곤 설명하네요.

 조슈아는 이 장면에서 누군가의 성격을 설명할 때 사용할 수 있는 유용한 형용사들을 알려줍니다. 이때 caring은 care(보살피다)라는 단어에서 왔고, 남을 보살피는 사람은 배려심이 깊은 경우가 많으므로 '배려심이 있는'이라는 뜻이 됩니다.

이렇게 써보세요

● He's such a caring person.
그는 엄청 배려심이 깊은 사람이야.

● She was not friendly at all.
그녀는 하나도 친절하지 않았어.

● I love playful people. They are fun to hang out with.
난 장난기가 있는 사람이 좋아. 같이 놀면 재밌거든.

We're a bit more prepared.

좀 더 준비가 되어 있어요.

세븐틴은 처음 해외 무대를 경험한 후로 다양한 활동을 해왔습니다. 이제는 좀 더 능숙한 모습을 보여주는 것 같죠?

What's going to be different this time around?
이번에는 무엇이 다를 예정인가요?

Well, the first time we were here, we were just so nervous.
음, 뉴욕에 처음 왔을 때는 엄청 긴장됐어요.

Now I guess we're a bit more prepared.
지금은 좀 더 준비가 되어 있는 것 같아요.

What did you think about fans that were outside today?
오늘 밖에서 기다린 팬들에 대해 어떻게 생각하나요?

Wow, they welcomed us.
와, 진짜 저희를 환영해줬어요.

 SEVENTEEN on Good Day New York 1:00

덕질로 배우는 표현

| this time | 이번에는 | welcome | 환영하다 |
| guess | 추측하다 | a bit more | 조금 더, 약간 더 |

 세븐틴은 2017년 8월에 뉴욕에서 처음으로 단독 공연을 했고, 2019년 뉴욕 케이콘에 초대받았으며, 2020년 초에는 미국 8개 도시에서 공연을 했습니다.

We're a bit more prepared. 처음 해외 무대에 섰을 때와 비교한 거겠죠?

네. 이미 겪어본 일이니까요. 준비가 되어 있다고 할 때는 prepared라는 형용사를 사용하면 됩니다. 동사 prepare(준비하다)에서 나온 표현이에요. 비교급은 ~er 형이 아니라 앞에 more를 붙이면 되고, 최상급은 most와 함께 표현할 수 있습니다.

이렇게 써보세요

● They are really prepared.
그들은 단단히 준비가 되어 있다.

● We are more prepared than ever.
우리는 어느 때보다 더 준비가 되어 있다.

● These students are the most prepared for the test.
이 학생들은 시험에 최적으로 준비가 되어 있다.

58 We weren't expecting anything.

아무런 기대도 하지 않았어요.

세븐틴 멤버들이 먼 곳까지 찾아와준 팬들에게 감동했어요. 쇼 호스트보다 일찍 왔다니 팬들의 애정이 돋보이네요.

Did you expect it?
팬들이 환영해줄 것을 예상했나요?

We weren't expecting anything but there were so many fans.
아무런 기대도 하지 않았지만, 엄청나게 많은 팬들이 있었어요.

We got a lot of love, so we are really excited.
많은 사랑을 받았고, 무척 신납니다.

Some of them were here before Laurie and I showed up in the cold.
어떤 팬들은 날씨가 추운데도 진행자인 저희보다 먼저 와 있었다니까요.

🔗 SEVENTEEN on Good Day New York 1:07

136

덕질로 배우는 표현

so many	엄청나게 많은
show up	나타나다
some of them	그들 중 몇몇 (일부)

 열혈 팬이라면 좋아하는 스타를 보기 위해서 물불을 가리지 않습니다. 좌석 번호가 없는 공연이라면 앞자리를 차지하기 위해 시작 몇 시간 전부터 줄을 서고, 조금이라도 스타에게 가까이 다가가기 위해 기를 쓰죠.

 열성팬은 역시 남다르군요. 그만큼 세븐틴도 온 마음을 담아서 무대를 준비하고, 팬들은 가까이에서 응원하고. 훈훈하네요.

 무언가를 기대한다고 할 때는 expect something이라는 표현을 사용할 수 있습니다. 하지만 something은 주로 긍정문에 쓰이기 때문에 부정문으로 말하고 싶을 경우는 something 대신 anything을 사용해야 합니다.

이렇게 써보세요

● Are you expecting something for your wedding anniversary?
결혼 기념일에 뭔가를 기대 중이니?

● I don't expect anything from you.
너에게는 아무런 기대도 안 해.

● I'm expecting something great.
뭔가 대단한 것을 기대하고 있어.

137

You killed it, guys.
너희들 끝내주게 잘했어!

세븐틴 멤버들이 깜짝 무대를 준비했네요. 자리를 빛낸 멤버들에게 조슈아가 칭찬의 말을 아끼지 않습니다.

 Joshua, how did they do?
조슈아, 멤버들의 무대가 어땠나요?

 They were amazing.
엄청 대단했어요.

 Do they need more practice for Friday?
금요일 공연을 위해 연습이 더 필요할까요?

 No, I think they just need to do exactly how they did today.
아뇨, 오늘 한 그대로만 하면 될 것 같아요.

 That was perfect. You killed it, guys.
완벽했어. 너희들 끝내주게 잘했어!

🔗 SEVENTEEN on Good Day New York 7:34

138

덕질로 배우는 표현

amazing	대단한, 놀라운
practice	연습하다
exactly	정확히, 그대로

 세븐틴이 미국 방송에 출연해서 일부 멤버들이 무대를 선보였는데 안무가 너무 훌륭하고 멋있다는 감탄이 절로 나왔습니다.

 You killed it! 어감상 무슨 뜻인지 알 것 같아요. '너 완전 죽여줬어!' 맞죠?

네 맞아요. 버논이 멤버들을 칭찬할 때 kill it이라고 했죠? 그냥 kill만 쓰면 '~을 죽이다'라는 뜻이지만 kill it은 원어민이 자주 사용하는 관용어로 '죽이게 잘한다'라는 의미입니다.

이렇게 한국말과 영어의 어감이 통하는 표현을 만나면 어디에 살든 사람이 생각하는 것은 비슷하구나 하는 생각이 들어요.

이렇게 써보세요

● Oh my gosh, they're killing it.
와, 쟤네 죽이게 잘한다.

● Don't worry. You killed it.
걱정하지 마. 너 엄청 잘했어.

● She is going to kill it on stage.
그녀는 무대에서 엄청 잘할 거야.

We just like to go out on the streets, experience what we can't in Korea.

그냥 거리에 나가서 한국에서 할 수 없는 걸 경험해보는 것을 좋아해요.

멤버들은 앞으로도 다양한 곳에서 멋진 모습을 보여주겠죠?

 What's it like on the road? What do you do to relax for a minute?

투어 다닐 때 어때요? 잠깐 쉴 때 뭘 하나요?

 We just like to go out on the streets, experience what we can't in Korea.

그냥 거리에 나가서 한국에서 할 수 없는 걸 경험해보는 것을 좋아해요.

 We're just so happy that you made a stop here.

여기에 들러줘서 기뻐요.

This is your new home. You need to come back.

여기를 편안한 장소로 생각하고 다음에 또 오세요.

 SEVENTEEN on Good Day New York 8:00

덕질로 배우는 표현

for a minute	잠시 동안		home	집처럼 편안한 장소
make a stop	멈추다		go out	외출하다

 세븐틴은 미국에서 인기가 많기 때문에 해외 매체와 인터뷰를 자주 하고, 투어도 다니잖아요. 스케줄이 바빠도 잠깐 거리에 나가면 기분 전환이 되고 좋을 것 같아요.

 아무리 바빠도 바깥 바람은 쐬고 살아야죠. 거리에 나가거나, 길거리에서 무슨 일이 벌어지고 있을 때는 on the street이라는 표현을 쓸 수 있어요. 길 위에 사람이 서기 때문에 on이 붙는 거고요.

길 하면 road를 떠올리는 분도 많은데 on the road는 '여행 중, 이동 중'이라는 뜻입니다.

Street은 집이나 건물이 늘어서 있는 길이고 road는 일반적인 길뿐 아니라 허허벌판에 깔려 있는 길이나 고속도로에도 쓸 수 있는 단어예요. 그렇기 때문에 숙어로 썼을 때 뜻의 차이가 생깁니다.

이렇게 써보세요

- **There is a parade on the street.**
  거리에서 퍼레이드가 벌어지고 있다.

- **Truck drivers are always on the road.**
  트럭 운전사들은 항상 도로에서 이동 중이다.

- **A lot of people are on the street.**
  거리에 사람들이 많다.

Come and get it, GOT7!
안녕하세요, 갓세븐입니다!
여러 음악 장르를 넘나들며 다양한
매력을 발산하는 갓세븐은 드라마,
예능에서도 꾸준히 활동을 하며 팬들의
마음을 사로잡고 있습니다.
럭키 세븐, 일곱명의 다국적 멤버들로
이루어진 갓세븐이 해외 영어
인터뷰에서는 어떤 모습을 보여줬을지
궁금하지 않나요?

JB·유겸
진영·잭슨·영재
마크·뱀뱀

61

We should visit there sometime.
언제 한 번 거기에 갑시다.

GOT7은 PeopleTV와의 인터뷰에서 무슨 말을 했을까요?

You guys have lived all around the world in the past. 여러분들은 과거에 여러 나라에서 살았습니다.

South Korea, Hong Kong, Saudi Arabia, Thailand and Los Angeles.
대한민국, 홍콩, 사우디아라비아, 태국, LA.

We've never been to Saudi Arabia yet.
우리 아직 사우디아라비아에 가본 적은 없는데요.

Actually, Yugyeom's parents lived in Saudi Arabia.
참, 유겸이네 부모님이 사우디아라비아에 사셨어요.

He was born there.
거기서 태어났죠.

We should visit there sometime.
언제 한번 거기에 가봐야겠습니다.

🔗 K-Pop Group GOT7 Reveal Fan Stories, Surprise Facts & Play 'Confess Sesh' In Interview | PeopleTV 8:17

덕질로 배우는 표현

have never been to ~	~에 한 번도(전혀) 가본 적이 없다
in the past	과거에, 예전에
be born	태어나다

 갓세븐은 한국, 미국, 홍콩, 태국 출신 멤버들이 모인 다국적 그룹입니다. 외국인 멤버들도 한국말과 영어를 다 잘하고요.

 그래서인지 멤버들이 적극적으로 인터뷰에 참여하네요.

다른 나라에서 온 사람들이 어울리다 보면 각지의 나라에 관한 이야기가 나오고, 한 번쯤은 그곳에 방문하고 싶어집니다. 이럴 때 should를 사용해서 이렇게 말하죠. I should visit there sometime.(언제 한 번 거기 가봐야겠어.)

많은 분들이 should를 '~해야 한다'라는 뜻으로 알고 있는데, 원어민은 어떤 행동을 권할 때 should를 많이 씁니다.

이렇게 써보세요

● You should visit Thailand sometime. It's a beautiful country.
언제 한번 태국에 가봐. 아름다운 나라야.

● We should go to that restaurant sometime. I heard they have excellent food.
언제 저 식당에 한번 가보자. 음식이 엄청 맛있대.

● He should go to see a doctor sometime. He doesn't look well. 그 사람 언제 병원에 한번 가보는 게 좋겠어. 상태가 안 좋아 보인다.

62 That's not a reason.
그런 건 이유가 안돼요.

GOT7이 MTV 뉴스와도 만났습니다. 질문은 팬들이 궁금해할 얘기부터 TMI까지 다양했지요.

 He doesn't let us go to his house.
JB는 저희를 집에 못 오게 해요.

 JB never invites us.
절대 우리를 초대하지 않아요.

 I want to know today.
왜 그런지 오늘 알아야겠어요.

 (JB 통역) Too many cats.
고양이가 너무 많대요.

 That's not a reason, but okay.
그런 건 이유가 안 되지만, 뭐, 좋습니다.

🔗 GOT7: 7 Things You Don't Know About The K-pop Group | MTV News
0:12

덕질로 배우는 표현

let ~(사람/사물) ~(동사)	~가 ~하게 하다, ~가 ~하게 놔두다
want to know	알고 싶다
too many	너무 많은

 많은 아이돌 그룹이 합숙을 하지만 갓세븐은 숙소 생활을 끝내고 각 멤버들이 독립해서 지내고 있어요. JB의 집은 멤버들도 가본 적 없는 혼자만의 아지트인가 봐요.

 고양이를 핑계로 대면서 말이죠.

우리는 살다 보면 어떤 일에 대한 이유를 설명하거나 핑계를 대야 할 때가 있습니다. 하지만 그 설명이 얼토당토 않은 경우가 있고, 상대방이 그런 말을 했을 경우 That's not a reason(그런 건 이유가 안돼요.), 혹은 That's not an excuse(그런 건 핑계가 안 돼요.)라고 대답할 수 있습니다. 다만 이런 표현은 상대방을 민망하게 만들거나, 소통을 끊어버리게 할 수 있으므로 상황을 잘 봐서 사용하는 게 좋습니다.

이렇게 써보세요

🔴 You explained why, but that's not a reason.
왜 그런지 당신이 설명을 하긴 했지만, 그런 건 이유가 안 돼요.

🔴 Too many cars on the road? That's not an excuse for being late. 도로에 차가 너무 많았다고요? 그런 건 늦은 데 대한 핑계가 안 돼요.

🔴 Seriously? That's not a reason.
헐! 그런 건 이유가 안 돼.

I haven't taken it off since.
그 이후로 몸에서 떼어놓은 적이 없어요.

마크는 매너 좋고 팬들을 아끼는 마음이 남다른 것으로 알려져 있습니다. 오죽하면 팬들에게 선물로 준 것을 자기도 같이 하고 있을까요.

I have this bracelet right here.
여기, 제가 이 팔찌를 갖고 있는데요.

We gave it to our fans for Christmas.
우리가 크리스마스 선물로 팬들에게 준 팔찌입니다.

I haven't taken it off since.
그 이후로 몸에서 떼어놓은 적이 없어요.

In Korea, it's called a wish bracelet.
한국에서 소원 팔찌라고 부르는데

You make a wish when you put it on.
이 팔찌를 찰 때는 소원을 빌지요.

When it falls off, it means your dreams come true.
팔찌가 끊어지면 그 소원이 이루어진다는 뜻이에요.

🔗 GOT7: 7 Things You Don't Know About The K-pop Group | MTV News
2:23

덕질로 배우는 표현

bracelet 팔찌
put on ~를 입다, 착용하다
fall off 떨어지다

 저 소원 팔찌를 차고 있으면 커플 팔찌를 한 기분이 들 것 같아요.

소원 팔찌를 가진 모든 분의 소원이 이루어졌으면 좋겠어요!

팔찌 역시 옷처럼 입고 벗는 것이어서 put on(입다), take off(벗다)를 써서 말할 수 있습니다. 여기서 마크는 haven't taken if off라고 현재완료형을 사용했는데, 현재완료는 보통 과거에 일어난 일이 현재까지 영향을 미치고 있을 때 씁니다. 크리스마스 때 입은 팔찌를 아직도 벗지 않고 있으니 과거의 행동이 지금까지 연결되어 있다는 뜻이지요.

이렇게 써보세요

● He hasn't taken off the wedding ring even though his wife has passed away.
그 남자는 부인이 세상을 떠났음에도 불구하고 결혼 반지를 빼지 않고 있다.

● I love putting on accessories.
저는 액세서리를 하는 것을 좋아해요.

● I don't want to take off my hat inside.
실내에서 모자를 벗고 싶지 않습니다.

It sounds nasty.
끔찍하게 들리네요.

정신 없이 바쁜 아이돌의 식습관은 어떨지 궁금하지 않나요?

 Every morning, instead of drinking protein shakes, I make my own chicken breast, cabbage, grape, apple, orange, banana shake.
매일 아침 단백질 셰이크를 마시는 대신, 저는 닭가슴살, 양배추, 포도, 사과, 오렌지, 바나나 셰이크를 직접 만들어요.

 It sounds really healthy, but it sounds nasty at the same time.
엄청 건강하게 들리긴 하지만, 동시에 끔찍하게 들리기도 하네요.

 Too much stuff to eat, so I make a shake and drink it.
먹을 게 너무 많아서 저는 셰이크로 만들어서 마시고 있어요.

It tastes pretty good when you think like this is the only food left on earth.
지구상에 마지막으로 남은 음식이라고 생각하면서 마시면 맛이 꽤 좋아요.

 GOT7: 7 Things You Don't Know About The K-pop Group | MTV News3:08

덕질로 배우는 표현

instead of ~	~대신
at the same time	동시에
too much stuff	너무 많은 것 (셀 수 없는 명사)

 잭슨이 닭가슴살을 갈아서 셰이크를 만든다고 했을 때 뱀뱀의 솔직한 반응이 재미있네요.

 저라면 건강식보다는 nasty(끔찍하다)라는 생각이 먼저 들 것 같아요. 으….

 Nasty를 사전에서 찾아보면 '끔찍한, 형편없는'이라고 나오는데, 어감이 강한 단어라 굉장히 불쾌하고, 음식의 경우는 생각만 해도 쏠릴 것 같다, 이런 뉘앙스를 가지고 있어요.

사람의 성격이 매우 더러울 때도 nasty라고 할 수 있습니다.

이렇게 써보세요

● Stinky tofu sounds pretty nasty.
취두부라니 엄청 끔찍하게 들린다.

● He is such a nasty person.
그는 아주 형편없는 사람이다.

● Where is this nasty smell coming from?
이 끔찍한 냄새는 대체 어디서 나는 거지?

151

We're really honored and blessed.
정말 영광이고, 복 받은 거죠.

갓세븐이 미국 NBC의 인기 프로그램 「Today Show」에 출연했습니다.

 You guys had an early morning at *Today Show*.
아침 일찍 투데이 쇼에 출연했죠.

How's everyone feeling today?
다들 오늘 기분이 어때요?

 We feel really good. We just came back from *Today Show*.
아주 좋아요. 투데이 쇼를 마치고 여기에 왔어요.

We're really honored and blessed to be able to be on national TV.
전국 방송에 나갈 수 있게 되어서 정말 영광이고 축복 받은 거죠.

We're just really excited to be in America right now, starting our tour, too.
지금 미국에 있는 것만으로도 정말 신나요. 투어도 곧 시작하고요.

 GOT7 Chat About Their Album, "Spinning Top" 2:43

덕질로 배우는 표현

come back 돌아오다
national TV 전국에 방송되는 TV

 투데이 쇼는 미국 전역에 방송되는 NBC 채널에서 나와요. 여기에 출연한
다는 건 그룹을 미국 전역에 알릴 수 있다는 뜻이죠.

 정말 좋은 기회네요! 미국에는 주가 50개나 있으니까 홍보 효과가 크겠어요.
'인지도가 있는 프로그램에 출연하게 되어서 영광이다'라고 말하고 싶
을 때는 honored라는 형용사를 쓰면 됩니다. 마크처럼 한 술 더 떠서 '복
까지 받았다'라고 표현하려면 blessed를 덧붙일 수 있고요. 사전적으로
blessed는 '신의 은총이나 축복을 받은'이라는 뜻인데, 교회를 다니는 사
람이 많은 미국에서 자주 들을 수 있는 단어입니다.

이렇게 써보세요

● We're so honored to be here.
이 자리에 서게 되어서 영광입니다.

● I'm blessed to have you.
너라는 사람을 가진 나는 복 받았어.

● She was honored to speak in front of the students.
학생들 앞에서 연설을 하게 된 것은 그녀에게 영광이었다.

66 We can't tell you guys yet.
아직은 말해줄 수 없어요.

GOT7의 미니 앨범 「스피닝 탑」을 주제로 한 인터뷰가 이어집니다.

Are there any songs in particular you're really excited to show with this tour?

이번 투어에서 보여주겠다고 아주 마음이 설레는 특별한 노래가 있나요?

We have a lot of songs from this album.

이번 앨범에 담긴 노래를 많이 부를 거예요.

We got a special song too.

특별한 노래도 있어요.

But we can't tell you guys yet.

하지만 아직은 말해줄 수 없어요.

If you guys want to know, come to the concert.

궁금하시면 공연에 오세요.

 GOT7 Chat About Their Album, "Spinning Top" 5:21

덕질로 배우는 표현

in particular	특히
a lot of ~	많은 ~
special	특별한

 예전에 어떤 가수의 공연에 갔을 때 그 자리에서만 볼 수 있는 특별한 이벤트가 있어서, "이 맛에 공연을 자꾸 찾는 거지!"라는 생각이 들더라고요.

 맞아요. 아무것도 모르고 갔는데 깜짝 놀랄 이벤트라도 만나면 훨씬 즐겁죠.

그래서 '아직은 말할 수 없다'고 할 때 뱀뱀이 'can't tell you yet'을 사용한 거예요. '주어+can't (조동사)+본동사+목적어+yet.'의 틀을 기억해두면 어렵지 않게 표현할 수 있습니다.

이렇게 써보세요

● I can't do it yet.
아직은 할 수 없어요.

● He can't buy a car yet.
그는 아직 차를 살 수 없다.

● She can't eat food yet.
그녀는 아직 음식을 먹을 수 없다.

It turned out really well.
굉장히 잘 나왔어요.

「스피닝 탑」에 수록된 리믹스 곡이 화제에 올랐습니다.

 There is a remix that BamBam helped.
뱀뱀이 도와주었던 리믹스 곡이 있어요.

 Can you tell us a bit about that song, BamBam?
그 노래에 대해서 좀 얘기해줄 수 있나요, 뱀뱀?

 We have a song called *Stop Stop It*.
우리 노래 중에 '하지하지마'라는 노래가 있어요.

You guys already know?
이미 알고 있죠?

I just wanted to make *Stop Stop It* a little better and a little cooler.
그 노래를 좀 더 멋지고 쿨하게 만들고 싶었어요.

I think it turned out really well.
굉장히 잘 나온 것 같아요.

 GOT7 Chat About Their Album, "Spinning Top" 6:10

덕질로 배우는 표현

a bit about ~	~에 대해서 약간	better	더 나은
already know	이미 알고 있다	turn out	드러나다, (결과가) 나타나다

 같은 곡이라도 리믹스 버전은 익숙하면서도 새로운 느낌이 더해지는 묘미가 있습니다.

 그 곡을 좋아하는 팬이라면 더욱 즐겁게 들을 수 있어요. 여기서 뱀뱀이 말한 turn out은 '드러나다'라는 의미로 쓰인 거죠?

 맞아요. Turn이라는 동사에는 '돌다'라는 뜻이 있는데, 행동을 하거나 일을 진행하려면 어떤 방향으로 움직여야 합니다. 특정 방향으로 turn해서 (돌아서, 움직여서) out하는(결과가 밖으로 나오는) 것이므로 turn out은 '일, 진행, 결과가 ~하게 되다'라는 뜻입니다. '잘 됐다'라고 말하고 싶으면 뒤에 well을 붙여서 turn out well이라고 쓰면 되고요.

이렇게 써보세요

● Thing will turn out okay.
  사태가 괜찮게 될 거야.

● I know how everything will turn out.
  난 모든 것이 어떻게 될지 알고 있어.

● It turned out that he was a bad guy.
  그가 나쁜 남자라는 것이 밝혀졌다.

We all have our own character and style.
우리는 각자 나름의 특징과 스타일이 있어요.

갓세븐이 품고 있는 7인 7색의 매력을 이렇게 이야기합니다.

 How have you guys upgraded for this tour in particular?
특히 이번 투어를 위해서 어떤 점을 개선했나요?

 (영재 통역) Seven members, we all have our own character and style.
우리 7명의 멤버는 각자 나름의 특징과 스타일이 있어요.

And the type of music we like presents us.
그리고 우리가 좋아하는 음악이 우리가 어떤 사람인지를 보여주지요.

We have different stages ready for the show to present to all the fans.
모든 팬들에게 보여주기 위한 다양한 무대들이 준비되어 있습니다.

 Nice. I love that.
멋지네요. 좋아요.

 GOT7 Chat About Their Album, "Spinning Top" 7:23

덕질로 배우는 표현

upgrade	개선하다	ready for ~	~를 위해 준비가 되어있는
present	보여주다	character	성격, 기질, 특징

 케이팝 아이돌 중에는 다수의 멤버가 활동하는 그룹이 많습니다. 하지만 다들 개성과 매력이 넘치죠. 이런 점이 팬덤을 확장하는 데 도움을 주기도 합니다.

 멤버가 많은 만큼 다양한 캐릭터(character)가 있는 것 같아요.

캐릭터와 비슷한 표현으로 characteristic이라는 단어가 있어요. 사전을 찾아보면 둘 다 '특징'이라고 나오기 때문에 같은 뜻이라고 생각할 수도 있지만, character는 어떤 인물, 하면 떠오르는 전체적인 특징이고, characteristic은 그 인물을 그답게 만드는 (유머감각이 뛰어나다든지) 세부적인 특징입니다.

이렇게 써보세요

● I fell in love with his character in *Star Wars*.
난 스타워즈에 나오는 그가 연기한 캐릭터(의 특징)에 완전 반했다.

● Honesty is her main characteristic.
정직함은 그녀의 주된 특징이다.

● His real character is not nice. He is great at putting on a show.
그는 진짜 성격이 썩 좋지 않다. 그런 척을 아주 잘할 뿐이다.

159

We gotta keep our image.
우리 이미지를 유지해야 하잖아요.

미니 앨범 「스피닝 탑」의 타이틀곡인 '이클립스'에 초점을 맞추어봅니다.

 Can you guys talk about what you're trying to show with *Eclipse*?
'이클립스라는 노래를 통해 무엇을 보여주고 싶은지 말해줄 수 있나요?

 (JB 통역) He wanted to make a song that really fits GOT7.
JB는 갓세븐한테 딱 어울리는 노래를 만들고 싶었대요.

And for the past 5 years, we've been really thankful for the fans.
지난 5년 동안 팬들에게 너무나 고마웠습니다.

We're really insecure.
저희는 무척 불안해요.

Because we gotta keep our image.
왜냐하면 우리 이미지를 유지해야 하니까요.

We want to hold everything we've been putting out.
지금까지 이뤄온 모든 것을 지키고 싶어요.

 GOT7 Chat About Their Album, "Spinning Top" 9:11

덕질로 배우는 표현

fit ~	~에 딱 어울리다, ~에게 안성맞춤이다
insecure	불안한
hold everything	모든 것을 붙들고 있다(지키다)

 아무리 잘나가는 스타라도 걱정은 있게 마련입니다. 그 자리를 유지하기 위해 끊임없이 애써야 하니까요. 실망스러운 모습을 보여주면 금방 마음을 돌려버리는 사람도 많고요.

 We gotta keep our iamge.라는 문장에서 딱 느껴져요.

'이미지를 유지해야 한다'고 할 때 마크가 사용한 gotta는 have got to의 줄임말로, '~해야 한다'라는 뜻의 구어체입니다. 그래서 문어체에서는 잘 쓰지 않아요. 미국식 영어에서는 연음 때문에 t 발음을 흘리는 경우가 많아서 '가라'처럼 발음합니다.

이렇게 써보세요

● **You gotta do it now.** 지금 해야 해.

● **We gotta hurry up.** 서둘러야 해.

● **I gotta go.** 가봐야 해.

It's hard to explain this.
이건 설명하기 어렵네요.

JB가 했던 말을 마크가 통역해주고 있습니다.

How do I explain this?
이걸 어떻게 설명하죠?

We just want to have our fans next to us the entire time.
저희는 언제든지 팬들을 우리 곁에 두고 싶어요.

Aww, that's cute.
오, 귀엽네요.

It's hard to explain this. I'm sorry.
설명하기 어렵네요. 죄송합니다.

The fans are definitely here for you guys.
팬들은 분명히 여러분들을 위해 여기 와 있어요.

🔗 GOT7 Chat About Their Album, "Spinning Top" 9:55

덕질로 배우는 표현

entire	전체의
aww	귀여움을 표현할 때 쓰는 의성어
hard	어려운, 곤란한, 딱딱한

 마크와 잭슨은 영어와 한국어를 유창하게 하기 때문에 다른 멤버들의 말을 자주 통역해줍니다. 쉬운 일은 아니지만요.

 영어를 잘하는 것과 통역을 잘하는 건 별개라고 들었어요. 마크와 잭슨이 대단하네요.

 그렇죠. '~하기가 어렵다'고 할 때는 It's hard to+동사를 써서 표현할 수 있습니다. 내가 힘들다고 해서 간혹 I'm hard라고 하는 분을 봤는데, 원어민이 이 말을 들으면 크게 오해할 수 있습니다. '딱딱하다'는 뜻의 hard에는 남자의 '발기'라는 의미도 있기 때문이에요. 이런 경우 민망해질 수 있겠죠? 반드시 it을 주어로 써야해요.

이렇게 써보세요

● It's hard to focus more than one hour.
한 시간 이상 집중하기 어렵다.

● It's hard to tell the truth when you are in trouble.
내가 어려움에 처하면 사실을 말하기가 어렵다.

● It's hard to do this.
이거 하기 어려워.

There's no difference.
차이가 없어요.

멤버 가운데 한 사람이 직접 만든 곡을 다른 멤버들은 어떻게 생각할까요?

Is there a difference when you're promoting a track that you've worked on personally versus a song from another person?
직접 작업한 곡을 홍보할 때와 다른 사람에게 받은 곡을 홍보할 때, 차이가 있나요?

JB said there's no difference because we have to sing the song anyway.
JB는 차이가 없다고 말했어요. 왜냐하면 어쨌든 우리가 불러야 할 노래니까요.

It's our song whether we write or not.
내가 썼든 안 썼든, 우리 노래잖아요.

Yugyeom said it's different because if one of the members writes a song, he knows each member's strong point.
유겸은 다르다고 했어요. 어떤 멤버가 곡을 쓰는 경우, 그 멤버만의 장점을 잘 아니까요.

🔗 GOT7 Chat About Their Album, "Spinning Top" 14:18

덕질로 배우는 표현

work on ~   ~에 노력을 들이다, ~를 위해 궁리하다
anyway   어쨌든, 게다가
whether ~ or not   ~이거나 그렇지 않거나

 멤버들이 만든 곡은 갓세븐만의 음악적 색깔이 잘 드러나는 것 같아요. 다른 아티스트에게 받은 곡도 소화를 잘하기긴 하지만, 직접 만들었다고 하면 더 애정이 가요.

 동감입니다. 곡을 직접 만들든, 남이 만들어주든, 차이가 없다고 할 때 마크가 There's no difference.라고 말했죠?

구어체에서는 효율적으로 말하기 위해 there's 같은 축약형을 많이 씁니다. 하지만 이렇게 줄이느냐, there is처럼 줄이지 않느냐에 따라 어감이 달라요. 축약형으로 표현하면 그냥 일반적인 의미이고, 비축약형으로 말한다면 강조한다는 뉘앙스가 있습니다.

이렇게 써보세요

● There's no difference between this apple and that apple.
  이 사과와 저 사과는 차이가 없다.

● There is no difference. Trust me.
  차이점이라곤 없어(강조). 내 말을 믿어.

● There's no difference. They look exactly the same.
  다른 점이 없어. 완전 똑같이 생겼잖아.

If you make one wrong move, then everything can fall apart.

딱 한 번만 잘못해도 모든 것을 다 잃게 될 수 있어요.

빛이 밝을수록 그림자도 어둡다고 했던가요? 멤버들이 속마음을 털어놓습니다.

 Some people say idol life can be very insecure.
아이돌의 삶은 매우 불안하다고 말하는 사람들도 있는데,

Can you talk about some examples?
예를 좀 들어줄 수 있나요?

 JB said when we're doing really well, he gets really anxious.
JB의 말로는, 우리가 잘되고 있을 때 무척 불안해진대요.

Because when you're doing so well, if you make one wrong move, then everything can fall apart. 왜냐면 잘하고 있을 때는 딱 한 가지 잘못만 저질러도 모든 게 와르르 무너질 수 있으니까요.

And Yugyeom said when we're not doing so well, he feels insecure.
반대로 유겸은 우리가 잘 안되고 있을 때 불안하다고 했고요,

I guess he wants to do better. 더 잘하고 싶은가 봐요.

 GOT7 Chat About Their Album, "Spinning Top" 15:50

덕질로 배우는 표현

anxious	불안한, 안절부절 못 하는
fall apart	결딴나다
do better	더 잘하다

 아이돌의 삶은 화려해 보이지만, 우리가 모르는 고민도 많겠죠.

잘나가다가 갑자기 이슈가 하나 터지는 바람에 매장된 아이돌들이 과거에 있었잖아요? JB도 이런 부분이 불안한가 보죠.

'잘못된 행동'이라고 할 때 마크가 a wrong move라고 말했는데, move는 동사일 경우 '움직이다', 명사로 쓰일 땐 '움직임, 바둑이나 장기에서의 수'라는 뜻이 됩니다. 그래서 make a+형용사+move는 '어떤 행동을 하다, 어떤 수를 두다'라는 의미로 쓰이고요.

이렇게 써보세요

● You just made a bad move.
너 방금 나쁜 행동을 했어.

● That was a good move.
그거 좋은 행동(움직임)이었어.

● Generals made a lot of brave moves in the old days.
옛날에 장군들은 과감한 수를 많이 두었다.

Is this going be the same 10 years later?
10년 후에도 똑같을까요?

만사가 더 좋아지고, 넉넉해지는 과정에도 불안은 스며들기 마련입니다.

We're comparing this world tour to the last tour.
이번 월드 투어를 저번 투어와 비교해봅니다.

The size of the venues, they're getting bigger and bigger.
공연장의 사이즈가 점점 더 커지고 있어요.

Everything is turning well.
모든 것이 잘 되고 있고요.

But as we rise, there's some moments that we think like, "Is this going be the same 10 years later?"
하지만 저희가 뜰수록 이런 생각을 하는 순간이 생깁니다.
"10년 후에도 지금과 똑같을까?"

 GOT7 Chat About Their Album, "Spinning Top" 17:00

덕질로 배우는 표현

compare A to B	A와 B를 비교하다
get bigger and bigger	점점 더 커지다
rise	위로 올라가다, 뜨다

 스타들은 몇 년 동안 활동하면서 점점 유명해집니다. 좋은 곡을 계속 발표하면 인기도 점점 높아지고요.

 하지만 아이돌의 활동 기간은 다른 직업에 비해 상대적으로 짧은 편이잖아요.

 그렇죠. 사람 일은 어떻게 될지 아무도 모르기 때문에 '다음 번에도 잘 될까? 몇 년 후에는 어떨까?' 하는 의문과 불안감을 가질 수밖에 없습니다. 이럴 때는 'Is this going to be the same+기간+later?'라는 패턴을 사용하여 '몇 달, 몇 년 후에도 똑같이 잘하고 있을까, 그 상태를 유지하고 있을까?'라는 의미의 문장을 만들 수 있습니다.

이렇게 써보세요

● Is this going to be the same 6 months later?
6개월 후에도 똑같을까?

● This is going to be the same a year later.
1년 후에도 지금과 똑같을 거야.

● This isn't going to be the same a few days later.
며칠 후에는 똑같지 않을 거야.

We were not really sure what we wanted to do with our lives.

남은 인생으로 무엇을 하고 싶은 건지도 잘 몰랐어요.

내가 정말 하고 싶은 일이 무엇인지 모를 때가 있죠. 아이돌이라고 다르진 않은 것 같습니다.

A lot of fans were saying that your albums talk about what they were going through in their lives. 여러분들의 앨범은 팬들이 살면서 겪고 있는 일들을 이야기한다고 말하는 팬들도 많습니다.

We've been doing this for 5 years now. 이제 우리는 5년째 활동을 하고 있는데

There was a time that we were lost. 길을 잃고 방황했던 적도 있어요.

We were not really sure which way we wanted to go or what we wanted to do with our lives. 어느 방향으로 가고 싶은지, 남은 인생으로 무얼 하고 싶은지조차 잘 몰랐어요.

🔗 GOT7 Chat About Their Album, "Spinning Top" 21:46

덕질로 배우는 표현

for ~(숫자) years	~년 동안	which way	어떤 길, 어느 방향
lost	길을 잃은	sure	확신하는, 확실한

 갓세븐 멤버들은 1993년~1997년 생으로 20대 초반부터 중반의 나이입니다. 처음 데뷔했을 때는 10대인 멤버가 3명이나 있었어요.

 10대~20대는 인생에 관한 생각이 많아지는 시기죠. 길을 찾으면서 방황도 했겠네요.

 그럴 때는 뱀뱀이 한 말을 활용해볼 수 있습니다. Not really sure(잘 모르겠다, 확신이 서지 않는다)라든가 what we want to do with our lives(남은 인생으로 뭘 하고 싶은가) 같은 표현 말이에요. 물론 주어나 시제는 적절하게 바꿔서 사용해야겠죠.

이렇게 써보세요

● I was not really sure what I wanted to do with my life.
주어진 내 인생으로 무엇을 하고 싶은 건지도 잘 몰랐어요.

● She is not really sure what she wants to do with her life.
그녀는 자신의 인생으로 무엇을 하고 싶은지 잘 모른다.

● They were not really sure what they wanted to do with their lives.
그들은 앞으로 살아가면서 무엇을 하고 싶은지도 잘 몰랐다.

Other people are going to feel the same way too.

다른 사람들도 같은 감정을 느낄 거예요.

아티스트는 음악을 통해 세상과 공유하고 싶은 감정을 표출합니다.

So it came out through the albums, because we wanted to share how we felt.
그래서 앨범을 통해 그런 심정이 드러났어요. 우리가 느낀 것을 공유하고 싶었거든요.

Other people are going to feel the same way too. 다른 사람들도 같은 식으로 느낄 겁니다.

And we want to cheer them up.
그리고 그들의 기운을 북돋워주고 싶어요.

We want to share our feeling for each other.
서로를 향한 우리 감정을 나누고 싶습니다.

 GOT7 Chat About Their Album, "Spinning Top" 22:07

덕질로 배우는 표현

come out through ~	~를 통해서 드러나다
share	나누다, 공유하다
cheer ~ up	~을 격려하다

 음악이나 미술 작품에는 그걸 창조하는 사람의 생각이나 느낌이 반영되기 마련입니다. 그래서 곡을 직접 만드는 아이돌의 경우 음악을 통해 팬들과 더 큰 공감대를 형성할 수 있는 거고요.

 갓세븐은 직접 곡을 만들기도 하니까요.

우리가 힘들거나 우울한 일을 겪고 있을 때 노래 가사가 마음에 와닿는 경우가 유독 많습니다. 아마도 곡을 쓴 사람은 '이런 일을 경험하면 다들 이런 느낌일 거야'라는 마음으로 만들지 않았을까요? 이럴 때는 feel the same way라는 표현을 사용할 수 있습니다.

이렇게 써보세요

● I know you feel the same way.
  너도 똑같이 느낀다는 거, 잘 알아.

● Not everyone feels the same way about this.
  이 일에 관해 누구나 다 똑같이 느끼는 것은 아니야.

● Do you feel the same way?
  너도 같은 기분이니?

We have to go to the gym.
운동하러 가야 해요.

'자기 관리'는 누구에게나 (특히 일상이 바쁜 사람들에겐) 중요합니다.

You guys are on tour a lot.
투어를 자주 다니는데,

How do you find time to take care of yourselves?
여러분은 어떻게 자기 관리를 위한 시간을 냅니까?

I always learn from Jackson.
전 항상 잭슨에게 배웁니다.

He told me how to take care of himself.
어떻게 자기 관리를 하는지 알려줬어요.

After a busy day, we have to go the gym.
하루가 정신없이 바쁘게 흘러가고 나면, 우리는 운동하러 가야 해요.

We have to practice and take vitamins.
연습도 해야 하고 비타민도 챙겨먹어야 됩니다.

🔗 GOT7 Chat About Their Album, "Spinning Top" 24:08

덕질로 배우는 표현

take care of oneself	자기 관리를 하다
learn from	~로부터 배우다
take vitamins	비타민을 섭취하다

 스타들은 자기 관리를 철저히 하겠죠? 건강과 외모가 큰 재산이니까요. 바쁜 와중에도 운동을 하고, 외국어를 익히는 모습이 멋있어요.

 스타뿐만 아니라 자기 관리를 잘하는 사람들은 운동을 꾸준히 합니다. 한국에서는 헬스클럽, 헬스장이라고 부르는 장소를 영어로는 gym이라고 해요. 진영이 have to를 써서 We have to go to the gym.(헬스장에 꼭 가야 한다)이라고 말한 것으로 보아, 아무리 피곤하고 쉬고 싶어도 선택의 여지가 없음을 짐작할 수 있습니다.

이렇게 써보세요

- I have to go to the gym to take care of myself.
  자기 관리를 위해서 반드시 운동을 해야 돼.

- Do I have to go to the gym today? I'm too tired.
  오늘 꼭 운동하러 가야 하나? 너무 피곤한데.

- He had to go to the gym yesterday. Because he works there.
  그는 어제 헬스장에 가야 했다. 왜냐면 거기서 일하니까.

It's hard to pick one.
하나만 고르기 어렵네요.

이번엔 팬들이 GOT7 멤버들에게 묻습니다.

 What's your favorite song that you have ever sung?
이제까지 불렀던 노래 중에 가장 좋아하는 곡이 뭔가요?

 It's not a song that I worked on, but *Teenager*.
제가 작업한 노래는 아니지만, '틴에이저'요.

 Every song has a really different style.
노래마다 전부 스타일이 정말 다릅니다.

It's hard to pick one. But the best title song is *Hard Carry*.
하나만 고르기는 어렵네요. 하지만 타이틀곡 중에 베스트는 '하드 캐리'입니다.

 GOT7 Chat About Their Album, "Spinning Top" 27:53

덕질로 배우는 표현

ever	강조의 의미 (현재완료 시제의 문장에서)
different style	다른 스타일
pick one	하나만 고르다

가수들은 많은 노래를 발표하지만, 특별히 애정이 가는 곡이 있게 마련입니다. 직접 참여했다든지, 가사나 멜로디가 마음에 들든지, 다양한 이유로 말이에요.

갓세븐 노래 중에 좋은 게 너무 많아서 하나만 고를 수가 없어요!

좋아하는 것이 너무 많아서 선택하기가 어렵다면 이렇게 말해보세요. It's hard to pick one. (하나만 고르기 어렵네요.) 형용사인 hard를 easy로 바꾸어 It's easy to ~라고 하면 반대로 '~하기가 쉽다'는 뜻이 됩니다.

이렇게 써보세요

● It's hard to pick two.
두 개를 고르기가 어렵네요.

● It's easy to pick one.
하나를 고르기가 쉽군요.

● It isn't hard to pick one.
하나만 고르는 건 어렵지 않네요.

Thank you guys for always being there for us.

항상 우릴 위해 곁에 있어줘서 고마워요.

이제 인터뷰는 마무리를 향해 달려가고 있습니다.

 Do you have anything that you want to say additionally?
혹시 덧붙여서 하고 싶은 말이 있나요?

 JB said thank you guys for always being there for us and always supporting us.
JB가 말했어요, 항상 우릴 위해 옆에 있어주고 지지해줘서 고맙다고.

We promise we'll come back with better performances and a better album next time.
다음 번에는 더 멋진 무대와 앨범으로 돌아올 것을 약속드립니다.

Please keep supporting GOT7.
계속해서 갓세븐을 응원해주세요.

 GOT7 Chat About Their Album, "Spinning Top" 30:34

덕질로 배우는 표현

additionally	추가로, 덧붙여서
support	응원하다, 지지하다
next time	다음 번에

 스타는 누구나 팬들에게 감사하는 마음을 가지고 있습니다. 그들의 응원이 없었다면 지금의 자리에 올 수 없었을 테니까요.

 늘 나를 응원해주는 사람이 있다는 건 멋진 일이죠.

한결같이 나를 위해 곁에 있어주는 사람에게 고마움을 표현하고 싶을 땐, 이렇게 말하면 됩니다. Thank you for always being there for me.(저를 위해 항상 곁에 있어줘서 고마워요.) 영미권에서는 감사의 마음을 적극적으로 표현하는 것이 미덕입니다. "꼭 그걸 말로 해야 아나?"라고 생각하지 마세요. 상대방은 정말로 모를 수도 있으니까요.

이렇게 써보세요

● I should thank him for always being there for me.
나를 위해 항상 옆에 있어주는 그에게 감사해야겠어.

● Don't you think that you need to thank her for always being there for you?
너를 위해 항상 옆을 지켜주는 그녀에게 감사해야 한다고 생각하지 않니?

● I can't thank you enough for always being there for me.
나를 위해 항상 곁에 있어주는 너에겐 아무리 고마워해도 모자라.

79

I'm just going to take the credit.
그냥 제가 한 걸로 치겠습니다.

인터뷰에서 잭슨이 능청을 떨고 있습니다.

 I know a lot of K-pop groups have their special introductions.
케이팝 그룹들은 나름의 특별한 소개법이 있는 걸로 압니다.

Who came up with yours?
갓세븐 소개법은 누구 아이디어였어요?

 From Jackson.
잭슨이요.

 I'm just going to take the credit. I did.
그냥 제가 한 걸로 치겠습니다. 네, 제가 했어요.

 Right before you were saying you weren't sure that it was yours.
조금 전에는 본인이 만든 건지 잘 모르겠다고 했잖아요.

 100% sure. You're talking to the right guy.
아니, 100% 확실합니다. 제가 갓세븐 소개법을 만든 사람이라니까요.

🔗 K-Pop Group GOT7 Reveal Fan Stories, Surprise Facts & Play 'Confess Sesh' In Interview | PeopleTV 0:22

덕질로 배우는 표현

come up with ~	~를 생각해내다
100% sure	100% 확실한
credit	신용 거래; 융자; 신용도

 잭슨은 예능감이 뛰어나요. 사교성이 좋아서 사람들과 잘 어울리기도 하고요.

 잭슨이 말한 take the credit은 혹시 신용카드 사용과 관련이 있을까요?

아뇨. Take the credit은 '공을 인정받다', 혹은 '남이 세운 공을 가로채다'라는 뜻이에요. 갓세븐의 소개 방법이 본인 아이디어인지 확실하지 않지만 멤버들이 그렇다고 하니까 take the credit(그 공을 가져가겠다, 차지하겠다)라고 말하고는 계속 우깁니다. 잘못 쓰면 얄미울 수 있는 표현이지만, 잭슨은 상황을 재치 있게 풀어내고 있어요.

이렇게 써보세요

● You should take the credit for the project. Because you worked the hardest.
당신이 그 프로젝트에 대한 공로를 인정받아야 해요. 제일 열심히 했으니까요.

● He took the credit for my work!
내가 한 일에 대한 공을 그가 가로챘어!

● She doesn't want to take the credit for it. She wants to stay anonymous. 그녀는 그 일에 대한 공을 인정받고 싶지 않아. 자기 이름 알려지는 게 싫은 거지.

We're barely home.
집에 있을 때가 거의 없어요.

멤버들에게 집이란 어떤 의미일까요?

Some of you recently moved out of the dorm to get your own places.
여러분 중에서 몇 명은 최근에 합숙소를 나와 집을 얻었는데요.

Do you miss each other?
서로 보고 싶지 않아요?

We don't live together any more. But we see each other every day.
이제 같이 살지는 않지만, 그래도 하루도 빠짐없이 만나요.

Actually, we don't really have time to stay home.
사실은 집에 있을 시간이 없잖아요.

We're barely home.
집에 있을 때가 거의 없어요.

🔗 K-Pop Group GOT7 Reveal Fan Stories, Surprise Facts & Play 'Confess Sesh' In Interview | PeopleTV 4:57

182

덕질로 배우는 표현

recently	최근에
move out of ~	~에서 이사 나오다
stay home	집에 머무르다
dorm(dormitory)	공동 숙소, 기숙사
barely	간신히, 거의 ~하지 않다

 아이돌 멤버들은 숙소를 나와 따로 산다고 해도 함께 연습하고 무대에도 같이 서니까 딱히 서로를 그리워하지는 않을 것 같아요.

 외부 일정이 많은 사람들은 집에 붙어 있을 시간이 없어서, 집에서 생활을 거의 하지 않고 잠만 자는 경우가 허다하죠.

'거의 ~하지 않는다'라고 말하고 싶을 때는 잭슨처럼 barely라는 빈도부사를 사용하면 됩니다. Barely 대신에 hardly라는 단어를 써도 좋고요. 이 단어들은 그 자체가 부정적인 의미를 가지고 있기 때문에 not과 함께 쓰지 않습니다.

이렇게 써보세요

● I barely know him.
나는 그에 대해 거의 모른다.

● She is so busy that she barely has time to sleep.
그녀는 너무 바빠서 잠 잘 시간이 거의 없다.

● They barely spoke to each other.
그들은 거의 말을 나누지 않았다.

(쿵) 후! 몬스타엑스!
안녕하세요, 몬스타엑스입니다!
'몬스타'라는 이름이 잘 어울리는
짐승돌, 파워풀한 안무뿐 아니라
감미로운 곡까지 다양하게 소화해내는
몬스타엑스는 다채로운 매력을
보여줍니다.
팬클럽인 몬베베를 아끼는 마음이
숨김없이 드러나는 영어 인터뷰,
같이 볼까요?

아이엠·셔누
주헌·민혁·기현·형원

It only took a week.
일주일밖에 안 걸렸어요.

미니 7집 「팔로우: 파인드 유」에 관한 대화입니다.

 Which song had the hardest choreography?
어떤 노래의 안무가 가장 어려웠나요?

 Follow. It's very intense.
'Follow'였어요. 안무가 무척 격렬해요.

 How long did it take?
얼마나 오래 걸렸나요?

 It only took a week but it was hard.
일주일밖에 안 걸렸지만, 어려웠어요.

 Monsta X explains the meaning behind 'Middle of the Night' 3:14

choreography	안무
intense	강렬한
how long	얼마나 오래

 많은 케이팝 아이돌이 완벽한 무대를 위해서 많은 연습을 해요. 몬스타 엑스가 「Follow」를 일주일 만에 소화했다고 해도, 그 기간은 상당히 치 열했을 것 같아요.

 그렇겠죠. 어떤 일을 하는 데 시간이 얼마나 걸리는지를 말하고 싶을 때 는 'It takes+시간+to ~'의 형태로 문장을 만들 수 있어요. 과거라면 it took (걸렸다), 미래라면 it will take (걸릴 것이다) 등으로 변형해서 사 용할 수 있겠죠. 시간이 별로 안 걸렸다고 말하고 싶을 때는 인터뷰의 아 이엠처럼 only를 넣어서 'it only takes ~'라고 표현하면 됩니다.

이렇게 써보세요

● It takes 30 minutes to bake this cake.
이 케이크를 굽는 데는 30분이 걸린다.

● It only took a day to find him.
그를 찾는 데는 하루밖에 안 걸렸다.

● It will take forever to finish this project.
이 프로젝트를 끝내려면 엄청나게 오랜 시간이 걸릴 겁니다.

We're going to take you wherever you want to go.
원하는 곳은 어디든지 데려다 드릴게요.

몬스타엑스의 노래 '몬스타 트럭'이 어떻게 탄생했는지, 궁금하지 않나요?

 Can you explain the meaning behind *Monsta Truck* and where did you get the inspiration?
'몬스타 트럭'이라는 곡 뒤에 숨겨진 의미와 그 영감은 어디서 얻었는지, 설명해줄 수 있나요?

 Our van. You gotta hop on and ride with us.
우리가 타는 밴이요. 올라와서 우리랑 함께 타봐야 해요.

We're going to take you wherever you want to go. 원하는 곳은 어디든지 데려다 드릴게요.

Since our name is Monsta X, the name of the truck is *Monsta Truck*.
우리 팀 이름이 몬스타엑스라서 트럭 이름도 몬스타 트럭이 된 거죠.

🔗 Monsta X explains the meaning behind 'Middle of the Night' 4:13

덕질로 배우는 표현

the meaning behind ~	~ 뒤에 숨겨진 뜻(의미)
hop on	올라타다
since ~(절)	~이기 때문에

아티스트가 어떤 곡을 발표하면 팬들은 그게 어떻게 만들어졌는지 궁금해지죠. 위 인터뷰에 나온 질문은 해외에 있는 '몬베베'가 가장 많이 물어본 것 중 하나라고 합니다.

저도 몬스타 트럭을 타고 wherever(어디든지) 가고 싶네요.

원어민들은 wherever라는 단어를 흔히 사용해요.

의문사 뒤에 ever가 붙으면 해당 '의문사의 뜻 + ~든지'라는 의미가 됩니다. Whatever(무엇이든지), however(어떻게든지), whoever(누구든지), whenever(언제든지), whichever(어떤 것이든지), wherever(어디든지), 이렇게 말이죠.

단, whyever는 '도대체 왜'라는 강조형으로 쓰이니 주의하세요.

이렇게 써보세요

● You can go wherever you want to go.
넌 네가 원하는 곳이면 어디든지 갈 수 있어.

● Wherever she wants to be, he will follow her.
그녀가 어디에 있고 싶어 하든, 그는 따라갈 것이다.

● I enjoy my life wherever I am.
나는 어디에 있든 인생을 즐긴다.

I don't know the exact name.
정확한 이름은 모르겠어요.

2020년 정규 앨범 「All About Luv」 이야기를 나누다가 와인이 화제에 올랐네요.

 How was the show with Paramount?
파라마운트에서 열린 행사는 어땠나요?

 That was great.
아주 좋았어요.

There was a bunch of wine, a bunch of lovely Monbebes.
와인도 많이 나왔고, 사랑스러운 팬클럽 분들도 많이 오셨고요.

 What kind of wine?
와인은 어떤 종류였나요?

 2016 red wine? It wasn't a vintage wine, I liked it though.
2016년산 레드 와인이었죠, 아마? 빈티지 와인은 아니었지만, 좋았습니다.

I don't know the exact name.
정확한 이름은 모르겠지만요.

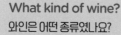 K-Pop Group MONSTA X Dishes On Their New Hit Album, "All About Luv" 3:50

190

덕질로 배우는 표현

a bunch of ~	많은 ~, 여러 가지 ~
vintage wine	특별히 포도가 풍작이었던 해에 만든 우수한 품질의 와인
exact	정확한

- -

 몬스타엑스는 2020년 2월 뉴욕에 있는 파라마운트 공연장에서 앨범 발매 행사를 가졌어요. 1,500석 정도 규모의 장소라고 합니다.

 미국 몬베베들과 특별한 시간을 보내고 왔네요. 그런데 공연장에 와인 이 있었다고요?

 미국에서는 성인들이 참여하는 행사에 가면 종종 술이 나옵니다. 한국 에 비해 구할 수 있는 술의 종류가 훨씬 많기 때문에 마셔도 이름이 잘 기억이 안 나거나 헷갈리는 경우도 많고요.

어떤 제품의 이름이 기억이 잘 안 날 때는 아이엠처럼 I don't know the exact name. (정확한 이름은 모르겠어요.)라고 둘러대면 됩니다.

이렇게 써보세요

● I don't remember the exact name.
정확한 이름은 기억이 안나요.

● No one knows the exact name.
정확한 이름은 아무도 모른다.

● She couldn't remember the exact name.
그녀는 이름을 정확하게 기억할 수 없었다.

84. I don't know how to react.
어떻게 반응해야 할지 모르겠네요.

앨범 「All About Luv」의 탁월한 사운드에 대한 칭찬이 쏟아집니다.

You've transcended your original sound.
이번 앨범은 여러분의 원래 사운드를 훌쩍 뛰어넘었어요.

I don't even know what to call it. It's really really great, guys.
뭐라고 불러야 할지조차 모르겠네요. 아무튼 엄청 엄청 대단해요.

You're giving us a lot of compliments.
칭찬을 많이 해주시니

I don't know how to react.
어떻게 반응해야 할지 모르겠습니다.

I just want to let you guys know, you made us.
여러분들이 지금의 우리를 있게 했습니다. 그것만은 꼭 알려주고 싶어요.

Especially, this album is for you guys.
이 앨범은 여러분을 위한 거예요.

🔗 K-Pop Group MONSTA X Dishes On Their New Hit Album, "All About Luv" 5:56

덕질로 배우는 표현

transcend 초월하다, 뛰어넘다
compliment 칭찬, 칭찬하다
let ~ know ~에게 알려주다

 가수들은 신작을 낼 때마다 전보다 더 발전된 모습을 보여주려고 심혈을 기울입니다.

 계속 똑같은 모습만 보여주면 결국 도태될 테니까요.

미국인은 칭찬을 아끼지 않는 편입니다. 감정을 다소 요란하게 표현하기도 하고요. 그러면 상대적으로 점잖은(?) 한국인의 입장에서는 어떻게 대처를 해야 할지 헷갈릴 때가 있습니다. '어떻게 해야 할지 모르겠다'라는 심정을 나타내고 싶을 때는 'I don't know how to+동사' 형태를 사용해서 문장을 만들면 됩니다.

이렇게 써보세요

● I don't know how to solve this problem.
이 문제를 어떻게 해결해야 할지 모르겠다.

● I don't know how to answer in this situation.
이 상황에서 어떻게 대답해야 할지 모르겠다.

● I don't know how to eat this food. I've never had this before.
이 음식을 어떻게 먹어야 할지 모르겠어. 전에 먹어본 적이 없거든.

85
We just did what we wanted to do.
단지 하고 싶었던 것을 했을 뿐이에요.

몬스타엑스의 첫 번째 영어 앨범, 어떤 분위기가 느껴질까요?

What was the goal initially when you made the album?

「All About Luv」앨범을 만들었을 때 처음 생각한 목표가 뭐였나요?

It's not about goals.

목표를 염두에 두진 않았어요.

We just did what we wanted to do.

우리는 단지 하고 싶었던 것을 했을 뿐입니다.

It's the first time releasing our English album officially.

공식적으로 우리가 낸 첫 영어 앨범이었죠.

And it's a totally different vibe.

그리고 이 앨범은 완전히 다른 분위기를 가지고 있어요.

🔗 K-Pop Group MONSTA X Dishes On Their New Hit Album, "All About Luv" 6:25

덕질로 배우는 표현

initially	처음에
officially	공식적으로
vibe	분위기, 느낌

 몬스타엑스는 2020년 2월 14일 밸런타인 데이에 「All About Luv」라는 영어 앨범을 발매했어요. 케이팝 아이돌이 한 곡도 아니고 앨범 전체를 영어로 발표하는 것은 흔치 않은 일입니다.

 사랑에 관한 다양한 노래를 담고 있더라고요.

예전에는 미국 진출을 위해 한국 가수들이 영어로 노래를 부르는 일이 있었지만, 요즘에는 그냥 한국말로 된 앨범을 발표하죠.

아이엠은 '하고 싶었던 일'을 가리켜 what we wanted to do라는 표현을 사용했습니다. 이 형식을 기억해두면 다양한 상황에서 요긴하게 쓸 수 있습니다.

이렇게 써보세요

● I just did what I wanted to do.
단지 제가 원했던 것을 했을 뿐입니다.

● You can't blame her for what she wanted to do.
그녀가 하고 싶은 것을 했다고 해서 비난할 수는 없어.

● He was good at what he wanted to do.
그는 하고 싶었던 일을 능숙하게 했다.

195

86 I wasn't there.
전 거기에 없었어요.

시상식에 참여하지 못한 기현에게 대체 무슨 일이 있었을까요?

 You were the first K-pop group to perform at the Teen Choice Awards.
몬스타엑스는 틴 초이스 어워드에서 공연한 최초의 케이팝 그룹이 되었어요.

 I wasn't there.
전 거기에 없었어요.

Because of the rib fracture. I'm fine now.
갈비뼈에 금이 갔거든요. 지금은 괜찮아요.

If we have time, we really want to go to Coachella.
시간이 된다면 코첼라에도 꼭 가보고 싶은데.

 That will be great. But not this year, maybe next year.
그렇게 되면 멋질 거예요. 올해는 말고 아마도 내년쯤에요.

🔗 K-Pop Group MONSTA X Dishes On Their New Hit Album, "All About Luv" 8:28

덕질로 배우는 표현

the first group to ~(동사)	최초로 ~하는 그룹
rib fracture	갈비뼈에 난 금
next year	내년에

 틴 초이스 어워드는 미국 폭스사가 주관하는 시상식으로 13~19세 청소년들을 대상으로 수상자를 뽑아요. 몬스타엑스가 젊은 인구층에게 인기가 많음을 짐작할 수 있죠.

 기현은 부상으로 시상식에 참여하지 못했다니 무척 아쉬웠겠어요.

기현이 '그 자리에 없었다'라고 할 때 심플하게 'I wasn't there.'라고 대답했어요. '있다 없다'를 영어로 말할 때 exist(존재하다) 같은 어려운 단어를 떠올리는 분들이 있는데, 우리가 다 알고 있는 be 동사가 존재 자체를 나타내기도 합니다.

이렇게 써보세요

● He wasn't there when the show started.
공연이 시작했을 때 그는 거기에 없었다.

● I was there to see Monsta X.
나는 몬스타엑스를 보려고 거기에 있었다.

● She wasn't here yesterday.
그녀는 어제 여기에 없었어요.

It didn't really take a long time.
그렇게 오래 걸리지는 않았어요.

비영어권의 아이돌 그룹이 영어로 노래를 하는 게 쉬운지 어려운지, 인터뷰 진행자가 궁금했나 봅니다.

When you guys were recording, how did you memorize the lyrics?
영어로 곡을 녹음할 때 가사는 어떻게 외웠나요?

We memorized the entire verses.
가사 전체를 달달 외웠지요.

How long did it take to get to the point where you were comfortable singing it?
편하게 부르게 될 때까지 얼마나 걸렸나요?

All of our members are not that bad at English.
우리 멤버 모두가 영어를 그렇게 못하는 편은 아니랍니다.

It didn't really take a long time.
그렇게 오래 걸리지는 않았어요.

 Monsta X Talks All About Luv, Working w/ Pitbull & Falling on Stage 3:12

덕질로 배우는 표현

memorize	외우다, 암기하다
get to the point where ~	~한 지점(지경, 수준)에 이르다
not that bad	그다지 나쁘지 않은

 해외에서 인터뷰를 할 때 영어 담당은 아이엠이잖아요. 다른 멤버들은 가끔씩만 영어로 말하기 때문에 노래 전체를 영어로 부르는 건 어땠는지 궁금했나 봐요.

 사실 영어를 전혀 못해도 노래를 영어로 부를 수는 있어요. 소리를 듣고 따라 하면서 열심히 연습한다면요. 하지만 영어를 할 줄 안다면 확실히 도움이 되겠죠? 곡을 익히는 시간도 단축되고요. 멤버들이 어느 정도 영어를 하기 때문에 별로 오래 걸리지 않았다고 할 때, 아이엠은 It didn't really take a long time.(그렇게 오래 걸리지는 않았어요.)이라고 말했습니다. Really를 빼고 말해도 상관없지만 넣어서 강조의 의미를 전달한 거죠.

이렇게 써보세요

● It didn't really take a long time to do my homework.
숙제를 하는 데 그렇게 오래 걸리지 않았어요.

● It didn't take a long time to get here.
여기 오는 데 오래 걸리지 않았어요.

● It took a long time to finish the project.
프로젝트를 끝내는 데 시간이 오래 걸렸어요.

88

Where is this coming from?

이건 어디에서 나온 건가요?

인기 아이돌 그룹이 다른 아티스트의 음악을 접할 땐 어떤 자세로 듣게 될까요?

When you listen to other artists, do you listen to their music differently?
다른 아티스트의 음악을 들을 땐 다른 관점에서 듣게 되나요?

We produce our own songs but when we listen to other songs, we listen as fans.
우리가 노래를 직접 제작하기도 하지만, 다른 노래를 들을 때는 팬의 입장에서 들어요.

We don't think "How did they make it?"
"어떻게 만들었지?"라든가

"Where is this coming from?"
"이건 어디에서 나온 걸까?"라는 생각은 하지 않습니다.

🔗 Monsta X Talks All About Luv, Working w/ Pitbull & Falling on Stage 5:26

덕질로 배우는 표현

other ~	다른 ~ (다수의 ~ 가운데 특정한 대상을 제외한 나머지)
differently	다르게
as ~(명사)	~로서

 어떤 일을 업으로 삼게 되면 자기도 모르게 그것을 분석하는 습관이 생깁니다. 제가 다른 유튜버들의 영상을 보면서 "이건 왜 잘됐을까?" 생각하게 되는 것처럼요.

 몬스타엑스는 다른 아티스트의 곡을 순수하게 팬의 입장에서 즐긴다니 다행이네요.

 무언가를 볼 때마다 Where is this coming from? (이건 어디에서 나온 걸까?)라고 생각하게 된다면 상당히 피곤해질 수도 있겠죠. 하지만 아이디어나 말, 혹은 상황이 어디에서 비롯된 것인지(근원이나 원천이 무엇인지)를 물을 때, 이런 표현을 쓸 수 있습니다. 다만 상황에 따라서는 부정적인 뉘앙스를 가질 수도 있으니 주의하세요.

이렇게 써보세요

● Where is this idea coming from?
  이 아이디어는 어디서 나온 겁니까? (순수하게 몰라서 묻는다는 뉘앙스)

● Why are you mad at me? Where is this coming from? 왜 나한테 화난 거야? 뭣 때문에 이러는 거지? (말도 안 된다는 식으로 불평하는 뉘앙스)

● We are trying to figure out where this is coming from.
  저희는 이것이 어디서 비롯된 건지 알아내려고 노력하고 있습니다.

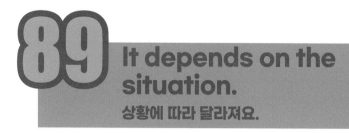

89 It depends on the situation.
상황에 따라 달라져요.

악상이 떠오르면 아티스트는 어떻게 할까요?

 Creating this album, how does a song start?
앨범을 제작하는 과정에서 한 곡의 노래는 어떻게 시작되지요?

 When I have a good idea about what I want to write, I just type it on the memo, leave it right there and use it for our own song.
노래로 쓰고 싶은 것에 관해서 좋은 생각이 떠오르면, 그냥 메모장에 적어서 거기 내버려두었다가 나중에 곡에 사용해요.

It depends on the situation.
상황에 따라 달라지죠. (어떤 상황이냐에 달렸어요.)

 Monsta X Talks All About Luv, Working w/ Pitbull & Falling on Stage 6:42

덕질로 배우는 표현

a good idea	좋은 생각
what I want	내가 원하는 것
right there	바로 거기
depend on ~	~에 의지(의존)하다, ~에 따라 다르다

 아티스트가 곡을 만들 땐 멜로디가 먼저 떠올라서 나중에 가사를 입히기도 하고, 반대로 가사를 먼저 쓴 후에 멜로디를 만들기도 하잖아요.

 그렇죠. '상황에 따라 다르다.'라는 뜻을 아이엠은 It depends on the situation.라는 말로 표현했어요. 이 틀을 쓸 때는 on 뒤에 명사(혹은 명사구나 명사절)을 넣음으로써 다양하게 활용할 수 있습니다.

그냥 "경우에 따라 다르지."라고 말하고 싶으면, 'on ~'을 빼고 It depends. 라고 말해도 좋습니다. 상대방이 딱 떨어지는(확실한) 답을 원하는데 그러기가 곤란한 경우에 활용할 수 있는 표현이에요.

이렇게 써보세요

● It depends on what you think.
당신이 어떻게 생각하느냐에 따라 다릅니다.

● It depends on how she looks at it.
그녀가 이 일을 어떻게 바라보느냐에 달렸지요.

● It depends on which one he needs.
그가 어떤 것을 필요로 하느냐에 따라 달라집니다.

Did I say something wrong?
제가 뭘 잘못 말했나요?

신곡의 가사 일부를 놓고 쇼 호스트와 아이엠이 '감성 충만' 대화를 이어갑니다.

 It is a big commitment to tell somebody "You can hold my heart."
누군가에게 "내 마음은 네 거야."라고 말하는 건 엄청난 약속이죠.

 You can't hold my heart. Because I'm sick and tired of you.
당신은 제 마음을 가질 수 없어요. 전 당신이 지겨워요.

 They had your heart and you are taking it away.
그들이 당신의 마음을 갖고 있었는데, 이젠 당신이 그 마음 도로 가져가는 건가요.

 I want to get rid of you.
당신이 더 이상 없었으면 좋겠어요.

What? Did I say something wrong?
왜요? 제가 뭘 잘못 말했나요?

 Monsta X Talks All About Luv, Working w/ Pitbull & Falling on Stage 9:52

덕질로 배우는 표현

commitment	(진지한) 약속, 맹세
sick and tired of ~	~가 지겹다
get rid of ~	~를 제거하다
take ~ away	~를 가져가다, 치우다

 이 인터뷰에서 아이엠은 'You can't hold my heart'라는 노래에 관해 이야기하고 있어요. 두 사람의 사이는 이미 끝난 거나 다름없는데 질질 끄는 것은 별 의미가 없다는 내용의 곡입니다.

 Did I say something wrong? 이건 쇼 호스트를 보고 말하는 거죠?

네. 우리는 교과서에서 something은 긍정문에, anything은 부정문과 의문문에 사용한다고 배웠죠. 하지만 실제로는 의문문에도 something을 씁니다. 이 둘의 어감 차이가 있긴 해요.

예를 들자면 Can I ask you anything?은 "뭐든지 물어봐도 돼요?"라는 뜻이고 Can I ask you something?은 "물어볼 게 있는데 (특정 질문) 해도 돼요?"라는 의미입니다.

이렇게 써보세요

● Would you like something to drink?
뭐 좀 마실래요? (상대가 뭔가를 마시고 싶을 거라는 생각으로)

● Do you have something to ask?
물어볼 것이 있어요? (상대가 뭔가 질문이 있을 것으로 생각해서)

● Is there something I can do for you? 뭣이든 좋으니 제가 해드릴 것이 있습니까? (내가 상대에게 해줄 게 있는지, 진짜 몰라서)

I need to organize my thought.
생각을 정리해야겠어요.

쇼 호스트의 질문에 다소 사차원적인 대답으로 응수하는 아이엠의 모습입니다.

 Do you need to feel those feelings in order to write a song about it?
어떤 곡을 쓰려면 그와 관련된 감정을 느껴야 하나요?

 Every single person has a difficult situation.
누구나 예외없이 어려운 상황을 겪잖아요.

I need to organize my thought.
생각을 정리해야겠어요.

When you're at work, one of your bosses tells you to do the paperwork again.
근무 중인데 상사 한 분이 서류를 다시 작성하라고 지시하면

"Hey boss, you can't hold my heart."
(Other members burst out laughing)
"부장님, 부장님은 제 마음을 가질 수 없어요."라고 말하는 거죠.
(다른 멤버들 '빵 터짐')

🔗 Monsta X Talks All About Luv, Working w/ Pitbull & Falling on Stage
11:49

덕질로 배우는 표현

in order to ~(동사)	~하기 위해서
every single ~	모든 ~ (every의 강조형), ~ 하나하나
at work	직장에서, 일하고 있는데
organize	정리하다, 체계화하다

- -

 케이팝에는 사람의 감정을 묘사한 노래가 많잖아요. 이런 노래를 듣다 보면 실제로 아티스트가 겪은 경험을 토대로 만든 곡인지 궁금해질 때가 있어요.

 아이엠이 그런 질문을 받자 횡설수설하며 I need to organize my thought.(생각을 정리해야겠어요.)라고 말하죠? 생각 외에도 이런저런 것을 정리해야 할 일이 있을 때 유용하게 활용할 수 있는 문장이에요. '정리하다'라는 뜻을 가진 organize는 미국식과 영국식의 스펠링이 다릅니다. 대체로 -ze로 끝나면 미국식이고 -se로 끝나면 영국식입니다(organise). 어느 쪽이 맞는지 어리둥절해 하는 분들이 있는데, 둘 다 맞아요.

이렇게 써보세요

- I need to organize my room.
  내 방을 정리해야 해.

- You need to organize your desk before you start working.
  넌 일을 시작하기 전에 책상부터 정리해야겠다.

- We need to organize the kitchen after we finish cooking.
  우리는 요리가 끝나면 부엌을 정리해야 한다.

92

I already have someone.
이미 만나는 사람이 있어요.

쇼 호스트가 계속 아이엠을 놀려먹자 다른 진행자가 슬그머니 그를 구해줍니다.

Maybe they saw it in a movie.
아마도 영화에서 봤겠죠, 뭐.

You're right. Thank you so much.
맞아요. (곤란한 질문에서 구해주셔서) 정말 고맙습니다.

"You can't hold my heart." That could sound a bit negative but it could be positive.
'당신은 내 마음을 가질 수 없어요'는 좀 부정적으로 들릴 수 있지만 긍정적일 수도 있어요.

Let's say I fell in love with someone but another person tries to get me.
자, 제가 누군가와 사랑에 빠졌다고 합시다. 그런데 다른 누군가가 저를 가지려 한다면

I say "You can't hold my heart. I already have someone."
제가 말하죠. "당신은 제 마음을 가질 수 없어요. 전 이미 만나는 사람이 있거든요."

🔗 Monsta X Talks All About Luv, Working w/ Pitbull & Falling on Stage
13:26

208

덕질로 배우는 표현

in a movie	영화에서
sound a bit negative	좀 부정적으로 들리다
fall in love with ~	~와 사랑에 빠지다

 쇼 호스트가 한 주제로 끈질기게 아이엠을 놀려먹으니까 다른 진행자가 너무했다 싶었는지 아이엠을 곤경에서 구해준 것 같네요.

 진행자들이 좀 짓궂죠? 연애를 할 때 한 번에 한 명씩 눈이 맞아서 사귀면 좋겠지만, 아이엠처럼 멋진 사람이라면 여러 명이 눈독을 들이는 일이 벌어질 수도 있겠죠. 다른 사람과 엮이지 않고 한 명만 바라보고 싶다면, I already have someone.(저 이미 만나는 사람이 있어요.)라고 말하면 됩니다. '이미 가지고 있다'는 뜻의 already have는 물론 그 대상이 물건일 때도 쓸 수 있어요.

이렇게 써보세요

● I already have a place to stay.
  이미 머무를 장소가 있어요.

● She already has a boyfriend.
  그녀에게는 이미 남자친구가 있다.

● They already have enough money.
  그들에게는 이미 충분한 돈이 있다.

You don't have to talk about your personal stuff.

개인적인 일에 관해 말할 필요까진 없어요.

이번엔 쇼 호스트가 자기 주변의 일을 몬스타엑스에게 털어놓고 있군요.

 Dan has broken my heart on many occasions.
댄은 여러 가지 일로 제 마음을 상하게 했어요.

 You don't have to talk about your personal stuff.
개인적인 일에 관해서까지 얘기하실 필요는 없는데.

 You have very welcoming and comforting eyes.
당신은 받아주고 위로해주는 듯한 눈빛을 가지고 있어요.

So I was getting ready to share.
그래서 제 이야기를 공유하려고 했죠.

 Oh, I'm ready to share.
오, 저 공유할 준비가 되어 있어요.

 Monsta X Talks All About Luv, Working w/ Pitbull & Falling on Stage
15:03

덕질로 배우는 표현

on many occasions	여러 상황에서, 여러번
comforting	위로가 되는
get ready to ~(동사)	~할 준비를 하다
personal stuff	개인적인 일

- -

 미국 인터뷰는 한국에 비해 캐주얼하게 진행되는 경우가 많아요. 인터뷰하는 사람이 사소한 이야기를 먼저 꺼내 분위기를 부드럽게 해주면 긴장이 풀리기도 하고요.

 하지만 굳이 알고 싶지 않은 사생활까지 상대방이 털어놓으려 한다면 부담스러워질 수 있을 것 같아요.

 어느 정도 선을 그어줄 필요가 있겠죠? 바로 그럴 때 쓸 수 있는 표현이 You don't have to talk about your personal stuff.(사적인 일에 관해 말할 필요까진 없어요.)입니다. 물론 personal stuff 대신 다른 표현을 써서 다양하게 응용할 수 있겠죠.

이렇게 써보세요

● You don't have to talk about your relationship problems.
네 연애 문제에 관해서까지 말할 필요는 없어.

● She doesn't have to talk about everything about her life.
그녀는 살아가는 이야기까지 시시콜콜 다 말할 필요는 없어.

● He didn't have to talk about how upset he was.
그가 얼마나 화가 났는지를 얘기할 필요까진 없었는데.

211

I love this moment, because I'm with you.
당신과 함께 있기에 이 순간이 좋아요.

노래 'Misbehave'의 내용에 관한 질문이 나오자 아이엠이 친절하게 설명합니다.

 Tell me about *Misbehave*.
'Misbehave'라는 노래에 대해 말해주세요.

 If you see the lyrics, there are lots of misbehaviors like fighting in the car, swearing at each other.
가사를 보면 좋지 않은 행동들이 많이 나와요. 차에서 싸운다든지 서로에게 욕하는 거요.

But I love it, because it's you.
하지만 그래도 좋아요. 당신이니까.

I love this moment, because I'm with you.
당신과 함께 있기에 이 순간이 좋아요.

Even if you misbehave, I love you because we're together.
당신이 나쁘게 굴어도 난 사랑해요. 왜냐하면 우린 함께니까.

 Monsta X Talks All About Luv, Working w/ Pitbull & Falling on Stage
24:12

덕질로 배우는 표현

misbehave	못된 짓을 하다, 버릇없이 굴다
swear at	~에게 욕하다
even if ~(절)	설사 ~이라 하더라도

 케이팝 노래 가사에는 제가 공감할 수 있는 내용이 많아서 마음의 위안이 돼요. 친구가 들려주는 이야기 같기도 하고요. 전 특히 사랑 노래가 좋아요.

 사랑 노래는 달달해서 좋죠. 사랑에 빠지면 처음에는 상대방의 모든 것이 예뻐 보입니다. 그게 단점일지라도요. 이렇게 콩깍지가 단단히 씌면 I love this moment, because I'm with you. (당신과 함께 있기에 이 순간이 좋아요.) 같은 멘트를 날리게 됩니다. 한국말로는 상당히 오글거리지만 영어에서는 이런 식의 표현을 서슴지 않고 사용해요. 정서의 차이인 듯합니다.

이렇게 써보세요

- I love this moment, because it feels so special.
  너무도 특별하게 느껴져서 이 순간이 좋아요.

- I love this moment because we are celebrating it together.
  우리가 함께 축하하고 있기에 이 순간이 좋아요.

- I love this moment because everything seems perfect.
  모든 게 완벽한 것 같아서 이 순간이 좋아요.

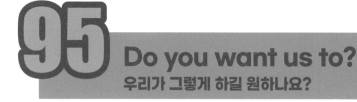

95 Do you want us to?
우리가 그렇게 하길 원하나요?

쇼 호스트가 때로는 일부러 짓궂은 질문을 던지곤 합니다.

It would be weird hearing any of you curse.
여러분들 중 누구라도 욕하는 걸 들으면 이상할 것 같은데요.

Do you want us to?
우리가 욕하기를 원하세요?

I would love to hear it, but you don't need to do it.
들어보면 좋겠지만, 그럴 필요 없어요.

Do you say the F word?
그런데 'F'가 들어가는 욕도 하고 그럽니까?

Oh, no no no. You're naughtier than last time.
아, 아뇨, 절대로요. 저번보다 질문이 더 짓궂네요.

🔗 Monsta X Talks All About Luv, Working w/ Pitbull & Falling on Stage
24:50

덕질로 배우는 표현

weird	이상한
would love to ~(동사)	~하고 싶다, ~하면 좋겠다
naughty	짓궂은

 한국의 연예인은 바른 이미지여야 하고, 서양에 비해 엄격한 도덕적 잣대를 적용합니다. 아이돌이 욕을 한다? 드라마나 영화에서의 연기라면 모를까, 상상하기 힘든 모습이죠.

 아이엠이 진짜로 욕할 생각은 아니었겠지만, 미국의 아이돌 인터뷰를 보면 춤은 기본이고 각종 곤란한(?) 행동들을 시키더라고요. 문화 차이가 정말 큰 것 같아요.

 그렇죠. 인터뷰에서 아이엠이 사용한 'Do you want us to?(우리가 그렇게 하길 원하세요?)'는 'Do you want us to do it?'의 줄임말 입니다. 이렇게 do it을 생략하면 캐주얼한 느낌이 되죠.

이렇게 써보세요

● **Do you want us to talk about it?**
우리가 그것에 관한 이야기를 하면 좋겠어요?

● **Do you want me to carry it for you?**
제가 그 물건을 대신 들어드릴까요?

● **Do you want him to be nice to you?**
그 사람이 당신한테 친절하게 대해주길 원하나요?

We don't need to explain.

설명할 필요가 없어요.

아이엠이 핏불과의 멋진 콜라보 경험을 이야기합니다.

You guys have a song with Pitbull.
핏불과 함께 곡을 하나 만들었죠?

Why did you guys pick Pitbull?
왜 핏불을 골랐나요?

He's huge. I thought it was a great opportunity to collab.
인기가 엄청 많잖아요. 같이 작업할 좋은 기회라고 생각했습니다.

He's a legendary rapper. His voice is so dope.
전설적인 래퍼잖아요. 목소리도 진짜 멋지고.

We don't need to explain. Pitbull is just Pitbull.
굳이 설명할 필요가 없죠. 핏불은 그냥 핏불이에요.

🔗 Monsta X Talks All About Luv, Working w/ Pitbull & Falling on Stage
25:57

덕질로 배우는 표현

huge	인기가 아주 많은
collab	협업하다 (collaborate의 줄임말)
dope	멋진(속어), 마약(속어)

- -

 케이팝이 인기가 많다 보니 케이팝 아이돌과 미국의 대형 가수들이 콜라보를 하는 일이 늘어나고 있어요. 저는 핏불과 함께 발표한 'Beside U'라는 곡이 너무 좋더라고요!

 핏불은 말이 필요 없는 아티스트죠. 살다 보면 어떤 일을 구구절절 설명해야 할 때도 있지만, 너무나 당연해서 굳이 설명할 필요가 없는 경우도 있습니다. 혹은 설명하고 싶지 않을 때도 있고요. 그럴 때는 don't need to explain이라는 표현을 사용할 수 있습니다.

하지만 나는 당연하다고 생각하는데 상대방에게는 그렇지 않을 경우에는 친절하게 설명을 해줘야겠죠? 의사소통은 쌍방 통행이니까요.

이렇게 써보세요

● I don't need to explain this to you.
이걸 굳이 당신에게 설명할 필요는 없어요.

● Do I need to explain every single detail? 제가 세세한 사항을 일일이 설명해야 하나요? (상황에 따라선 짜증 섞인 뉘앙스)

● She doesn't need to explain how to use this toaster, right?
이 토스터기를 어떻게 쓰는지 설명할 필요는 없잖아요, 그렇죠?

Do whatever you want.
마음대로 하세요.

핏불과의 콜라보에 관한 이야기가 계속됩니다.

Did you tell Pitbull what to do or do whatever you want?
당신이 핏불에게 어떻게 하라고 시켰나요? 아니면 마음대로 하라고 했나요?

Of course, Pitbull, do whatever you want.
당연히 "핏불, 당신 마음대로 해요."라고 했죠.

How can we order something to Pitbull? How dare you?
우리가 어떻게 핏불한테 명령할 수 있겠어요, 감히?

Pitbull will never let you down.
핏불은 절대 실망시키지 않을 거니까.

🔗 Monsta X Talks All About Luv, Working w/ Pitbull & Falling on Stage
30:25

덕질로 배우는 표현

what to do	무엇을 할지
how dare you	감히
let ~ down	~를 실망시키다

 몬스타엑스는 완성된 곡을 핏불에게 가져가서 그냥 노래만 불러 달라고 부탁한 것이 아니라 만드는 작업을 같이 했다고 합니다.

 우와! 서로 사이 좋게 작업하는 모습이 상상되어서 훈훈하네요.

몬스타엑스는 대스타에게 이것저것 까다롭게 주문하는 건 예의가 아니라고 생각했는지, 겸손한 태도를 보였다고 해요.

Do whatever you want.(마음대로 하세요.)라는 표현은 누군가에게 일을 믿고 맡길 때 혹은, 그 일이 망하든 말든 별 상관이 없을 때 쓸 수 있어요. 인터뷰에 나온 경우는 전자겠지요.

이렇게 써보세요

● Do whatever you want. I don't care.
마음대로 해. 난 신경 안 써.

● She can do whatever she wants. I know she will do it the right way.
그 여자가 내키는대로 해도 좋아. 올바르게 해낼 거라는 걸 알거든.

● Why can't I do whatever I want?
왜 내 마음대로 할 수 없나요?

98 It was embarrassing.
창피했어요.

쇼 호스트가 몬스타엑스의 트위터에서 뭔가를 읽었던 모양입니다.

Did somebody fall on stage the other day?
며칠 전에 누가 무대에서 떨어졌나요?

I read it on Twitter. How did you fall?
트위터에서 읽었는데, 어떻게 떨어진 건가요?

I'm okay now. The stage was so small.
아, 지금은 괜찮아요. 무대가 굉장히 작았죠.

He didn't realize that it was the edge of the stage.
자기가 무대 가장자리에 있다는 사실을 미처 깨닫지 못했어요.

It was embarrassing.
창피했습니다.

🔗 MONSTA X Talks All About Luv, Working w/ Pitbull & Falling on Stage
30:04

220

덕질로 배우는 표현

on Twitter	트위터에서, 트위터를 하다가
realize	깨닫다, 알아차리다
edge	가장자리

- -

 무대에 오른 가수가 공연에 심취해서 주변을 잘 보지 못하는 경우가 있죠. 그러다가 방송 사고가 일어나기도 하고요.

 셔누가 크게 다치지 않아서 다행이에요.

정말 다행이죠. 셔누가 무대에서 떨어져서 창피했다고 할 때 embarrassing 이라는 단어를 썼어요. 동사 embarrass(부끄럽게 하다)에 ing가 붙은 embarrassing과 ed가 붙은 embarrassed는 둘 다 '창피한'이라는 뜻의 형용사인데, 언제 어떤 형태를 써야하는지 헷갈리는 분들이 많습니다. 대체로 주어가 사람일 때는 ~ed형을 사용하고, 사물이나 it가 주어일 때는 ~ing형을 쓰면 됩니다.

이렇게 써보세요

● It was embarrassing to make a mistake in front of people.
사람들 앞에서 실수를 해서 창피했다. (it가 주어이기 때문에 embarrassing)

● I was embarrassed to fall on the street.
나는 거리에서 넘어져서 창피했다. (사람이 주어이기 때문에 embarrassed)

● It was embarrassing for all of us.
우리 모두에게 창피한 상황이었다. (사람이 아닌 situation이 주어이기 때문에 embarrassing)

Life always has ups and downs.
살다 보면 좋을 때가 있고 나쁠 때가 있어요.

두 사람이 인생을 논하는 것을 보니, 인터뷰가 철학적인 영역으로 접어들었나 봅니다.

 What is the hardest thing about your life?
살면서 가장 어려운 점이 뭔가요?

 Life always has ups and downs.
살다 보면 좋을 때가 있고 나쁠 때가 있어요.

It's kind of like a roller coaster. A lot of things happen.
말하자면 롤러 코스터 같아요. 많은 일이 생기고.

Minhyuk said celebrities get lots of things.
민혁의 말로는 유명인들은 많은 것을 얻는대요.

It could be a bad thing or a good thing.
그거야 나쁜 것일 수도 있고 좋은 것일 수도 있죠.

🔗 Monsta X Talks All About Luv, Working w/ Pitbull & Falling on Stage
31:20

덕질로 배우는 표현

the hardest thing	가장 어려운 것
happen	어떤 일이 생기다
celebrity	유명인, 연예인, 스타

- -

 사람들은 스타의 화려한 면을 보면서 부러워하지만, 빛이 있으면 그림자 도 있는 법이라 우리가 잘 알지 못하는 어려움도 있을 거라 생각해요.

삶이 스포트라이트로만 가득할 수는 없죠. 이 인터뷰에서 아이엠이 말 한 ups and downs는 올라갈(좋을) 때와 떨어질(나쁠) 때, 그러니까 어 떤 일에 기복이 있을 때 사용합니다.

인생을 묘사할 때 자주 쓰이고, 어떤 상황이 오르락내리락할 때 절묘하 게 표현할 수 있는 어감을 가지고 있어요. 기억해 뒀다가 써보시면 인생 에 관해 고찰하는 깊이 있는 사람이라는 인상을 줄 수 있습니다.

이렇게 써보세요

● **Every couple has ups and downs.**
모든 커플은 좋을 때와 그렇지 않을 때를 겪는다.

● **My business has been going through ups and downs.**
제 사업은 좋은 시기와 나쁜 시기를 겪어왔어요.

● **After some ups and downs, I feel more mature.**
단맛과 쓴맛을 모두 겪고 나니, 난 더 성숙해진 느낌이 든다.

100

We never talk about that.

그것에 관해선 전혀 이야기하지 않아요.

다른 케이팝 그룹은 몬스타엑스가 영어 앨범까지 냈다는 걸 알고 있을까요?

 How do the other groups feel about you making an English album?
다른 케이팝 그룹은 몬스타엑스가 영어 앨범을 낸 것에 대해 어떻게 생각하나요?

 We never talk about that. They don't know yet.
우린 그것에 관해 전혀 이야기하지 않습니다. 다른 그룹은 아직 몰라요.

Maybe they will know when we release a song.
우리가 노래를 발표하면 알게 되겠죠.

 Then they'll copy and you start a trend.
그러면 다른 그룹도 따라 할 테고, 몬스타엑스가 유행을 시작하는 거네요.

 Good.
좋네요.

🔗 Monsta X Talks All About Luv, Working w/ Pitbull & Falling on Stage
35:22

224

덕질로 배우는 표현

the other ~	다른 ~(특정 대상을 제외한 나머지 모두)
copy	따라하다, 흉내 내다
start a trend	유행을 시작하다

 요즘은 케이팝 가수들이 한국말로 노래를 발표해도 해외 팬들이 잘 찾아서 듣고 가사까지 열심히 해석해요.

 그래도 해외 팬들은 몬스타엑스가 영어로 된 앨범을 발표해서 기쁘겠죠?

당연하죠. 여러 케이팝 그룹들이 친하게 지내긴 하지만, 신곡이나 앨범 작업 같은 것은 기밀 사항이어서 잘 얘기하지 않을 수 있습니다. 절대로 하면 안 되거나, 전혀 하지 않을 경우 never라는 빈도 부사를 써서 표현할 수 있습니다.

대체로 빈도 부사는 일반동사의 앞에 놓이거나, be 동사나 조동사의 뒤에 써요.

이렇게 써보세요

● We never talk about personal stuff.
우리는 사적인 이야기를 절대 하지 않아요.

● She never talks about her family.
그녀는 가족에 관한 이야기를 절대 하지 않아요.

● I never talked about my feelings before.
전에는 제 감정에 관한 이야기를 절대 하지 않았어요.

블랙핑크는 뛰어난 가창력과
춤 실력을 고루 갖춘 데다
끼도 넘치는 걸그룹입니다.
아시아를 넘어 미국에서도
폭발적인 인기를 누리고 있는
케이팝 아이돌, 블랙핑크!
멤버들이 영어를 잘해서
해외 인터뷰에서도 매력을 뿜뿜
발산하고 있어요.

제니·지수·리사·로제

You gotta be kidding.
농담하는 거죠?

미국에서 인기 절정인 TV 프로그램 「굿모닝 아메리카」의 낮 방송인 「스트레이핸과 새라」에서 블랙핑크를 초대했습니다.

 What was the first thing you thought when you got invited?
코첼라에 초대받았을 때 맨 처음 어떤 생각이 들었나요?

 We were all like "What? No."
우리 모두 그랬죠. "뭐라고? 말도 안돼."

"Come on. You gotta be kidding."
"에이, 농담하는 거죠?"라고요.

 When you think of Coachella, what do you think of?
코첼라, 하면 무슨 생각이 나나요?

 We think of music, the heat, flower crowns, amazing bands, and singers.
음악, 열기, 화관, 멋진 밴드와 가수들이 생각나요.

 BLACKPINK Full Interview On "Strahan And Sara" 2:25

228

덕질로 배우는 표현

think of ~	~을 생각하다	heat	열기
crown	왕관		

 블랙핑크는 2019년 4월에 케이팝 걸그룹 최초로 코첼라 뮤직 페스티벌 무대에 섰어요. 정말 대단해요!

 초대를 받고서는 본인들도 믿기지 않았나 봐요. 누가 장난으로 농담하는 줄 알고 You gotta be kidding.(농담하는 게 틀림없어.)이라고 말했다는데, 이 표현은 원어민이 일상 생활에서 매일 쓰는 표현입니다. Gotta는 have got to ~(~해야 한다)의 축약형으로 캐주얼한 구어체라고 앞에서 설명했죠.

그런데 You gotta be kidding.의 경우에는 gotta가 '~해야 한다'가 아니라, '~임에 틀림없다'라는 의미입니다. 훨씬 어감이 강하긴 하지만 must에 '~해야 한다'와 '~임에 틀림없다'라는 뜻이 있는 것 처럼요.

이렇게 써보세요

● You won the lottery? You gotta be kidding.
네가 복권에 당첨됐다고? 농담하는 거지?

● You ran into Chris Hemsworth in your area? No way. You gotta be kidding.
어제 너네 동네에서 크리스 헴스워스랑 마주쳤다고? 말도 안 돼. 농담이지?

● You asked Jennie out and she said yes? You gotta be kidding. She never says yes. 제니한테 데이트 신청했더니 좋다고 그랬다고? 농담하는 거지? 걔는 절대 승낙하지 않는데.

229

102 We're working on it right now.
지금 그걸 궁리하고 있어요.

뉴욕에서 「스트레이핸과 새라」 쇼에 출연한 블랙핑크, 대화는 계속됩니다.

 A lot of Blinks, they're wondering "When is your next comeback?"
많은 블링크(팬)들이 다음 컴백이 언제인지 궁금해하고 있어요.

 We never give them an answer to this.
우린 그 질문에 절대 대답을 하지 않지만

But we're working on it right now. We want to say soon, maybe.
지금 궁리하고 있는 중이에요. '곧'이라고 대답하고 싶지만요.

 And we're not joking.
농담이 아니에요.

We are working really hard everyday in the studio.
매일 스튜디오에서 열심히 작업하고 있어요.

🔗 BLACKPINK Full Interview On "Strahan And Sara" 4:16

덕질로 배우는 표현

wonder   궁금해하다
answer   대답하다
everyday   매일

 블랙핑크는 다른 아이돌에 비해 컴백을 자주 하지 않습니다. 그래서 팬들은 블랙핑크가 언제 다시 나올지 항상 손꼽아 기다리고 있죠.

 We're working on it right now. 지금 그걸 궁리하고 있다는데요.

기대되네요. 인터뷰에서 제니가 'work on it'이라는 표현을 사용했죠? 알다시피 work는 '일하다'란 뜻이고, 뒤에 on을 붙여서 work on ~라고 말하면 '~을 끝내기 위해 공을 들여서 일한다'라는 뜻이거나, 혹은 '~에 대해 답이나 해결책을 얻으려고 곰곰 궁리(연구)한다'는 의미가 됩니다. '열심히 작업한다'로 해석할 수 있는 거죠.

이렇게 써보세요

● We're working on a project.
　우리는 어떤 프로젝트를 작업하고 있다.

● I will work on it. Don't worry.
　내가 그거 궁리(연구)해볼 테니까 걱정하지 마.

● He worked on his painting for a long time.
　그는 오랫동안 그림 그리기에 몰두했다.

103

We could talk about it all day.

그것에 관해서는 온종일이라도 이야기할 수 있어요.

로제와 제니가 흥분을 감추지 않고 말을 이어나갑니다.

 What was playing at Coachella like?

코첼라에서 공연하는 건 어땠나요?

 We could talk about it all day.

그 공연에 대해선 하루 종일이라도 이야기할 수 있죠.

 It was great.

엄청났어요.

It was one of the most intense performances we've ever had.

지금까지 우리가 했던 것 중에 가장 열정적인 공연이었어요.

 We made so many memories there.

너무나 많은 기억을 남겼고요.

And we did not expect it to be that much fun.

그렇게까지 재미있으리라고는 기대하지 않았는데 말이죠.

🔗 BLACKPINK: Meet the K-pop superstars backstage - BBC News 1:43

덕질로 배우는 표현

the most intense performance	가장 강렬한(열정적인) 공연
memory	기억
expect	기대하다

 미국 캘리포니아 주에서 열리는 코첼라 뮤직 페스티벌은 매년 25만 명의 관객이 모이는 큰 행사라고 들었어요. 스케일이 어마어마하죠.

 멤버들이 엄청 신이 났어요. 흥미롭거나 신나는 대화 주제가 있으면 사람들은 말이 많아지죠. 어떤 주제를 두고 끊임없이 이야기할 수 있겠다는 생각이 들면, 로제가 대답한 것처럼 'could talk about ~ all day'의 형식을 사용하면 됩니다.

'오랜만에'를 '백만 년 만에'라고 표현하는 것처럼, '몇 시간 동안'이라고 말할 수 있는 걸 '하루 종일'이라고 조금 과장해서 표현하는 셈이죠.

이렇게 써보세요

● I could talk about my life story all day.
내 인생 스토리라면 하루 종일이라도 이야기할 수 있어.

● Girls could talk about lots of things all day.
여자들은 별의별 것들에 대해 온종일 수다를 떨 수 있어.

● You could talk about the same thing all day, but I won't listen. 넌 똑같은 이야기를 하루 종일 할 수 있겠지만, 난 듣지 않을 거야.

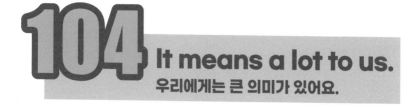

104 It means a lot to us.
우리에게는 큰 의미가 있어요.

블랙핑크가 코첼라에서 있었던 에피소드를 풀어놓습니다.

 We've always wanted to go watch people perform at Coachella. Being invited to perform...
우리는 항상 코첼라 공연을 보러 가고 싶었어요. 그런데 공연해달라고 초대를 받은 건...

 It means a lot to us.
우리에게 커다란 의미가 있어요.

Jaden Smith was performing right before us.
우리 바로 앞에 제이든 스미스가 공연을 했는데

We got a chance to meet his dad, Will Smith.
그의 아버지인 윌 스미스를 만날 기회가 있었습니다.

He surprised the audience by performing on stage with Jaden.
그는 아들이랑 같이 무대에서 공연을 해 관객들을 깜짝 놀라게 했어요.

🔗 BLACKPINK: Meet the K-pop superstars backstage - BBC News 2:22

덕질로 배우는 표현

right before us	우리 바로 앞에, 우리가 하기 직전에
get a chance	기회를 얻다
audience	관객
mean ~(A) to ~(B)	A에게 B를 뜻하다, A에게 B라는 의미를 갖다

 늘 보러 가고 싶다고 생각한 공연이 있는데, 관객도 아니고 무대에 서는 아티스트로서 초대를 받게 된다면 그 의미가 남다를 것 같아요.

 어떤 일이나 사람이 큰 의미가 있다고 할 땐, 제니처럼 'mean a lot'이라고 표현할 수 있어요. 한국에서는 누구에게 감사의 뜻을 전하거나 의미 있는 일이라고 표현하는 것을 쑥스럽게 여기기도 하지만, 영미권에서는 그런 마음을 적극적으로 표현하는 편입니다. "꼭 말로 해야 아나?"라고 생각하지 말고, 영어로 말할 때만이라도 서구적인 마음가짐으로 감정을 좀 더 솔직하게 표현하는 연습을 해보는 것도 좋은 생각이죠.

 BLACKPINK means a lot to me! 블랙핑크는 제게 큰 의미가 있는 그룹이에요!

이렇게 써보세요

💬 He helped me to solve this problem. It means a lot to me.
그 사람은 제가 이 문제를 해결하도록 도와줬어요. 제게는 커다란 의미가 있어요.

💬 You mean a lot to me. I'm such a lucky person.
당신은 나에게 큰 의미가 있는 사람이야. 난 참으로 운이 좋은 거야.

💬 I got straight 'A's this semester. It means a lot to my parents.
이번 학기에 전부 A학점을 받았어. 엄마 아빠한테는 큰 의미가 있는 일이지.

105
We actually had a chance to say hi.
사실은 인사할 기회가 있었어요.

월 스미스는 블랙핑크에게 어떤 의미가 있을까요?

The funny thing is that we saw him when we were trainees.

재미있는 건, 우리가 연습생이었을 때 그 분을 봤다는 거죠.

He came by the company in Korea.

한국에 있는 회사에 잠깐 들렀더라고요.

We actually had a chance to say hi.

그래서 실제로 인사할 기회가 있었는데.

I don't think he remembers.

그분은 기억을 못 하는 것 같아요.

🔗 BLACKPINK: Meet the K-pop superstars backstage - BBC News 3:07

덕질로 배우는 표현

funny thing	재미있는 것, 신기한 것
trainee	연습생
come by	잠깐 들르다

 코첼라 백스테이지에서 윌 스미스도 만나고, 부럽네요. 근데 연습생 시절에 이미 만난 적이 있다는 것도 신기해요.

 무명 시절에 해외의 유명인을 만나 인사할 기회가 있다는 건 특별한 일이겠죠.

인터뷰에서 로제가 have a chance to ~라는 표현을 썼는데, 말 그대로 '~할 기회를 가지다'라고 해석하면 됩니다. 비슷한 표현으로는 get a chance to ~가 있고요. 생김새가 비슷한 take a chance도 이와 비슷한 의미라고 생각하는 사람이 많은데, 이것은 '위험을 무릅쓰다, 운에 맡기다'라는 뜻입니다. Have a chance와는 전혀 다르니까 혼동하는 일이 없기를 바라요.

이렇게 써보세요

● **I had a chance to try his cake. It was so good!**
그의 케이크를 맛볼 기회가 있었어. 엄청 맛있었지!

● **He will definitely get a chance to see her again.**
그는 그녀를 다시 볼 기회가 꼭 있을 것이다.

● **I can't take a chance. It's too risky.**
운에 맡길 수는 없어. 너무 위험해.

106
We haven't really had a chance to meet many people.

그다지 많은 사람을 만날 기회를 갖지 못했어요.

코첼라에 관한 이야기가 계속해서 이어집니다.

Who did you meet backstage?
무대 뒤편에서 어떤 아티스트를 만났나요?

We haven't really had a chance to meet many people.
그다지 많은 사람을 만날 기회를 갖지 못했어요.

Jaden Smith and Diplo, we were right in between them.
제이든 스미스와 디플로요. 우리 공연 스케줄이 그 두 사람 사이였거든요.

So, we got to say hi.
그래서 인사를 하게 됐죠.

🔗 BlackPink Talks Coachella, US Tour, New Music, Being Haunted By Ghost & More 1:08

덕질로 배우는 표현

backstage 무대 뒤편에서
in between ~의 사이에
get to ~(동사) ~하게 되다

 음악 페스티벌에서 공연을 하게 되면 다른 아티스트를 만날 기회가 생기죠. 마음이 잘 맞으면 서로 친해질 수도 있고요.

 그렇죠. 누군가를 만난다고 할 때 보통 우리는 동사 meet을 떠올려요. 한국말에서는 새로운 사람, 친구 상관 없이 그냥 '만난다'고 하지만, 영어에서는 두 상황을 구분해서 어휘를 사용합니다. 처음 만나는 사이일 땐 meet, 이미 본 적이 있는 친구나 지인을 만날 때는 see를 써요. 그러니까 블랙핑크 멤버들은 이전에 제이든 스미스와 디플로를 만난 적이 없음을 알 수 있는 거죠.

이렇게 써보세요

● It's nice to meet you.
처음 만나서 반갑습니다.

● I haven't met him before. How is he?
그 사람, 전에 만난 적이 없는데, 어떤 사람이야?

● She is so looking forward to meeting you.
그 여자는 처음으로 널 만나는 것을 무척 기대하고 있어.

It was really sweet of them.
그들은 정말 친절했어요.

세계적인 스타들의 매너는 어땠을까요?

They actually came by to say hi and it was really sweet of them.

제이든 스미스와 디플로는 우리한테 와서 인사를 했죠. 정말 친절했어요.

They made us feel welcome because it was our first time there.
환영받는 느낌이 들게 해주었고요. 우린 코첼라가 처음이었거든요.

They kind of made us feel a lot more comfortable.
뭐랄까, 우리를 훨씬 더 편안하게 만들어준 셈이죠.

Very cool.
아주 멋진데요.

🔗 BlackPink Talks Coachella, US Tour, New Music, Being Haunted By Ghost & More 1:20

덕질로 배우는 표현

feel welcome	환영받는다고 느끼다
make ~(A) feel ~(B)	A가 B하게 느끼도록 만들다
sweet	달콤한, 친절한, 사근사근한

 제이든 스미스와 디플로가 'sweet'하다고 했는데, 우리도 어떤 사람이 '스윗하다'라는 표현을 쓰잖아요. 그거랑 비슷한가요?

 맞아요. 누군가가 친절하고 따뜻한 태도를 보여줄 때 원어민은 sweet이라는 형용사를 사용합니다. 달콤한 것을 먹으면 기분이 좋아지니까 그런 느낌을 상상하면 될 것 같습니다.

'It is sweet of ~' 혹은 'It is nice of ~' 하면 누군가가 친절하고 잘해줘서 고맙다는 뜻입니다. 기억해뒀다가 다음에는 sweet 대신 nice도 써보세요.

이렇게 써보세요

● She is such a sweet person.
그 여자는 정말 다정한 사람이야.

● It's really nice of you to say so.
네가 그런 말을 하다니 참 고마운걸.

● He sent you flowers? How sweet!
그가 너에게 꽃을 보냈다고? 정말 멋지다!

They know how to enjoy themselves.

그들은 재미있게 즐기는 방법을 알고 있어요.

BBC 뉴스가 무대 뒤에서 블랙핑크를 만났습니다.

How are fans different around the world?
여러 나라를 다녀보면 팬들이 어떻게 다른가요?

Our British fans have a totally different vibe and I like it.
우리 영국 팬은 완전 다른 분위기를 가지고 있어서 마음에 들어요.

I think they're really really cool.
굉장히 멋진 것 같아요.

They're very responsive and they know how to enjoy themselves.
아주 잘 호응해주고, 또 신나게 즐길 줄도 알더라고요.

They definitely sing along.
물론 노래도 잘 따라 부르고요.

🔗 Blackpink: Meet the K-pop superstars backstage - BBC News 3:38

덕질로 배우는 표현

around the world	전 세계의
responsive	호응하는, 반응이 좋은
sing along	노래를 따라 부르다

 케이팝 아이돌은 동서양의 다양한 국가들을 돌며 공연을 하는데, 나라마다 분위기와 문화가 다르기 때문에 새로운 경험을 많이 할 것 같아요.

 그렇겠죠. 어느 나라를 가든 팬들과 함께할 때는 항상 즐거워 보이더라고요. 어떤 장소의 분위기가 좋거나 모인 사람들이 유쾌해서 즐거운 시간을 보낼 수도 있지만, 결국 즐기는 주체는 본인이죠. 아무리 주변 환경이 갖춰진다 해도 내가 우울하면 아무런 소용이 없기 때문에, 즐거운 시간을 보낸다고 할 때 enjoy oneself라는 표현을 씁니다. 자발적으로 주체가 되어 즐긴다는 의미를 담고 있어요.

이렇게 써보세요

● I enjoy myself everywhere I go.
 난 어디를 가든 즐거운 시간을 보낸다.

● She was really enjoying herself at the party.
 그녀는 파티에서 정말 즐거운 시간을 보내고 있었다.

● They are enjoying themselves singing along.
 그들은 노래를 따라 부르며 즐거운 시간을 보내고 있다.

We're not very picky about genres.
장르를 까다롭게 따지지 않아요.

BBC 뉴스와의 백스테이지 인터뷰가 계속 이어집니다.

 Which female artist inspires you?
어떤 여성 아티스트에게 영감을 받나요?

 We're not very picky with genres.
우리는 장르를 크게 따지진 않습니다.

We all like various types of genres.
다들 다양한 장르를 좋아하거든요.

Lisa would listen to a piano song and then the next day she would be listening to hip-hop.
리사는 피아노 곡을 듣다가 다음날은 힙합을 듣고 그래요.

The same goes for all 4 of us.
우리 네 명 다 마찬가지예요.

🔗 Blackpink: Meet the K-pop superstars backstage - BBC News 3:55

덕질로 배우는 표현

inspire	영감을 주다
various types	다양한 종류
the same goes for ~	~도 마찬가지다
picky	까다로운, 별스러운

 케이팝 아이돌 그룹은 보통 다양한 장르를 커버해요. 항상 트렌드에 발맞춰서 따라가야 하기 때문일까요?

 그런 이유도 있겠지만, 멤버들이 장르를 까다롭게 따지지 않는다고 했으니까요.

누군가의 취향이 까다롭다면 picky 혹은 choosy라는 형용사를 쓸 수 있어요. Picky는 동사 pick(고르다)에서 나온 단어로, 자꾸 고르면서 까다롭게 군다는 뜻입니다. 주로는 '~에 관해서' 까다롭다고 말하는 경우가 많기 때문에 about과 함께 쓰는 일이 많아요.

이렇게 써보세요

● She is very picky about food.
그녀는 음식에 대해서 굉장히 까다로워.

● He is not picky at all about movies.
그는 영화를 고를 때 전혀 까다롭게 굴지 않아.

● I don't want to be picky about a date spot, but today is our anniversary!
데이트 장소에 대해 까다롭게 굴고 싶지 않지만, 오늘은 우리의 기념일인걸!

We always want to set a good example.
항상 좋은 본보기가 되고 싶어요.

블랙핑크의 마음가짐을 들어보는 시간입니다.

 Do you feel pressure for your female fans?
여성 팬들에 대한 부담감을 느끼나요?

 We try to do our things and be confident.
우리는 할 일을 하면서 자신감을 유지하려고 노력합니다.

But I think there's a lot of pressure that we have a lot of young audiences.
하지만 부담감이 크긴 해요. 나이 어린 관객들이 많거든요.

So we always want to set a good example.
그래서 항상 좋은 본보기가 되고 싶어요.

We try really hard in that sense.
그런 의미에서 정말 열심히 노력하고 있어요.

 Blackpink: Meet the K-pop superstars backstage - BBC News 4:51

덕질로 배우는 표현

feel pressure	부담감(압박)을 느끼다
female fans	여성팬
in that sense	그런 의미에서, 그런 면에서

 케이팝 아이돌은 10~20대 젊은 층에게 인기가 많아요. 물론 저처럼 30대 이상인 분들도 좋아하지만요.

 여자들이 의외로 걸그룹을 많이 좋아하는 것 같아요. 남자 팬만 많을 줄 알았는데.

 어린 팬들이 아이돌 언니 오빠를 보면서 나도 저런 사람이 되어야겠다고 생각하는 경우가 있더라고요. 그래서인지 많은 스타들이 팬들에게 좋은 본보기가 되려고 노력하는 모습이 보입니다. '모범을 보이다'라고 할 때는 set an example이라고 표현합니다. 좋은 예가 되는 경우엔 set a good example, 나쁜 선례가 되는 경우면 set a bad example이 되겠죠.

이렇게 써보세요

● Parents must set good examples for their children.
부모는 아이들에게 좋은 본보기가 되어야 한다.

● You're setting a bad example to other people.
넌 다른 사람들에게 나쁜 본보기가 되고 있어.

● I'm trying to set an example for my students.
난 학생들에게 모범을 보이려고 노력하고 있어.

It wasn't ever forced.

전혀 강요당하지 않았어요.

블랙핑크가 연습생 시절의 소감을 털어놓습니다.

What was it like growing up together?

같이 지내면서 성장하는 건 어땠나요?

Rose: It's pretty normal. It wasn't ever forced.

그냥 평범해요. 강요당하는 일은 전혀 없었어요.

It's like growing up with your sisters.

자매들이 함께 자라는 거랑 비슷해요.

We had a lot of fun.

즐거운 시간도 많이 보냈고요.

🔗 Blackpink: Meet the K-pop superstars backstage – BBC News 5:03

덕질로 배우는 표현

What was it like ~ing	~하는 것은 어떠했는가?
normal	평범한
was not (wasn't) ever	전혀, 한 번도 아니었다(강조의 의미)

- -

 케이팝 아이돌들은 10대의 나이에 발탁이 되어서 최소 몇 년의 연습생 기간을 거친다고 들었어요. 생각만 해도 엄청 고될 것 같아요.

 그래도 치열한 경쟁을 뚫고 하고 싶은 일을 하게 되었으니 강요당한 건 아니라고 로제가 말했어요. '강요하다'라는 동사는 force인데 명사로 쓰일 때는 '힘'이라는 뜻이 있으므로, '물리적 혹은 정신적인 힘으로 누군가에게 강요하다'라는 의미가 됩니다. 수동태로 바꾸어 be forced라고 하면 '강요당하다'가 되겠죠.

이렇게 써보세요

● He forced me to do it!
그가 나에게 그것을 하도록 강요했어요!

● She was forced to retire early.
그녀는 조기 퇴직을 강요받았다.

● You can't ever force them to change their plans.
당신은 그들에게 계획을 바꾸라고 강요할 수 없다.

112

We went through a lot of hard times too.

힘든 일도 많이 겪었어요.

그동안 어떤 사연이 있었는지 들어볼까요?

We went through a lot of hard times too.
우리는 힘든 일도 많이 겪었어요.

But at the end of the day, it made us almost like blood-related family.
하지만 결국은 그게 우리를 진짜 가족처럼 느끼게 만들었어요.

We literally spend more time with each other than our family.
우린 정말로 (실제로) 가족보다 더 많은 시간을 함께 보내요.

So, we know each other so much which makes us work a little easier as a group.
그래서 서로를 정말 많이 알고, 덕분에 그룹으로 활동하기도 좀 더 쉬워졌죠.

🔗 Blackpink: Meet the K-pop superstars backstage - BBC News 5:12

덕질로 배우는 표현

go through ~	~을 겪다, 견디다
at the end of the day	결국은, 마지막에는
blood-related	혈연 관계의, 피로 맺어진
literally	말 그대로, 정말로

 연습생 시절에는 식구들과 떨어져서 아침부터 밤까지 연습하며 시간을 보낸다는데, 멤버들이 형제, 자매, 가족같이 느껴지겠어요.

 스케줄이 빡세다 보니 힘든 일을 많이 겪겠죠. 이럴 때는 로제처럼 go through라는 표현을 쓸 수 있습니다. Through(~을 통해)라는 부사를 더해 go through라고 하면, '어떤 사건이나 시간을 통해 경험하다, 어려움을 겪다'라는 의미가 됩니다. 보통은 부정적인 경험을 견뎌나간다는 뉘앙스를 가지고 있어요.

이렇게 써보세요

● Everyone goes through good times and bad times.
모든 사람은 어려운 때를 겪는다.

● They went through a lot together.
그들은 많은 일을 함께 겪었다.

● I didn't go through financial difficulties last year.
나는 작년에 경제적인 어려움을 겪지 않았다.

It's not too pricey.
크게 비싸지 않아요.

쇼 호스트가 블랙핑크에 대한 팬심을 드러내고 있네요.

 How much do these things cost?
이 응원봉은 얼마나 합니까?

Because I need to get one.
하나 갖고 싶거든요.

 It's not too pricey. I think it's around $30.
크게 비싸지 않아요. 3만 원 정도 할 걸요.

 We need to give you one.
하나 드려야겠네요.

 Cut me a deal.
깎아주세요.

🔗 BlackPink Talks Coachella, US Tour, New Music, Being Haunted By
Ghost & More 3:52

덕질로 배우는 표현

cost	값이 나가다
pricey	값비싼
cut ~ a deal	~와 합의하다, ~에게 깎아주다

블랙핑크 응원봉은 검은색 손잡이에 분홍색 하트가 양쪽으로 달린 망치 모양입니다. 인터넷에 찾아보니 가격이 2~3만 원 사이로 나오네요.

쇼 호스트가 응원봉을 진짜 갖고 싶나 봐요. 가격 흥정을 시도하는 걸 보니.

어떤 물건이 아주 비싸다면 expensive라는 단어가 제일 먼저 떠오르겠지만, 원어민은 캐주얼하게 pricey라는 형용사도 많이 써요. Price(가격)라는 명사에서 파생된 형용사 pricey는 '가격이 나간다, 가격이 높다'는 뜻입니다. 그리고 가격이 지나치게 높은 경우는 overpriced라고 합니다 Over+priced, 즉, 가격이 너무 높게 책정되었다는 의미예요.

이렇게 써보세요

● It's a little pricey, but you won't regret it.
가격이 좀 비싸긴 하지만 산 것을 후회하진 않을 거야.

● This dress is overpriced. The material isn't nice.
이 원피스 가격 바가지야. 재질이 안 좋은데.

● Houses are pricey in Seoul.
서울은 집값이 비싸다.

253

114 Nobody could expect anything like that.

누구도 그런 걸 예상할 수는 없었어요.

블랙핑크는 새로운 곡이 나올 때마다 엄청난 반응을 불러일으킵니다.

 Kill This Love was one of the biggest YouTube debuts ever.
'킬 디스 러브'가 유튜브 사상 최고의 데뷔 기록을 깼는데요.

Did you expect that?
그걸 예상했나요?

 Nobody could expect anything like that.
누구도 그런 걸 예상할 수는 없었어요.

When we put out music, we don't think like "Okay, this has to be the next big thing."
우리는 음악을 발표할 때 "오케이, 이게 우리의 다음 히트작이야" 같은 생각은 안 해요.

We work really hard on what we want to present as a group. 우리가 그룹으로서 보여주고 싶은 것을 위해 정말 열심히 작업하죠.

🔗 BlackPink Talks Coachella, US Tour, New Music, Being Haunted By Ghost & More 4:35

덕질로 배우는 표현

expect	기대하다
put out	발표하다
work hard	열심히 일하다

 블랙핑크가 2019년 4월에 발표한 'Kill This Love'는 유튜브에 올라온 후 (발매 당시) 24시간 동안 가장 많은 뷰를 찍은 영상으로 기록을 세웠대요. 5천 6백7십만 뷰라니!

 그런데도 발표하는 곡이 항상 히트작이 될 거라고 기대하지 않는다는 멤버들의 마음가짐이 참 겸손하죠.

무언가를 '기대하다'라고 할 때 expect something 혹은 expect anything 이라는 표현을 씁니다. Something은 긍정문이나 의문문에, anything은 부정문이나 의문문에 사용하고요. 로제가 말한 문장에 not은 들어있지 않지만 nobody 자체가 부정적인 의미를 가지고 있기 때문에 anything 을 썼습니다. '아무것도 기대하지 않는다'고 할 때는 expect nothing이 라고 하면 됩니다.

이렇게 써보세요

● Are you expecting something from your boyfriend today?
오늘 남자친구에게서 무언가를 기대하는 거야?

● I don't expect anything from her any more.
더 이상 그녀에게서는 아무것도 기대하지 않아.

● He expects nothing from strangers.
그는 낯선 사람에게서는 아무것도 기대하지 않는다.

255

115 We put a lot of efforts into it.
거기에 노력을 많이 들여요.

뮤직 비디오에 관한 내용이 화제에 올랐습니다.

 Music videos are a really big part of things that we do.
뮤직 비디오는 우리가 하는 음악에서 굉장히 큰 부분을 차지해요.

 You're known for your visualizations.
블랙핑크는 화려한 비주얼로 유명하죠.

 Yeah, we put a lot of efforts into it.
네, 우린 비주얼에 노력을 많이 들입니다.

To see that comes out in numbers, it's very rewarding.
그게 숫자로 드러나는 걸 볼 땐 정말 보람이 느껴지죠.

🔗 BlackPink Talks Coachella, US Tour, New Music, Being Haunted By Ghost & More 5:05

덕질로 배우는 표현

be known for ~   ~로 알려져 있다, ~인 것으로 유명하다
come out   드러나다, 나오다
rewarding   보람 있는

케이팝 뮤직 비디오는 화려하고 볼거리가 많아요.

블랙핑크의 경우는 예산을 어마어마하게 들여서 찍는다고 하더라고요.

의상이나 배경만 봐도 얼마나 많은 공이 들어갔는지 느껴지죠.

무언가에 '공을 들인다'고 할 때 로제가 인터뷰에서 한 말처럼 put efforts into라는 표현을 사용할 수 있습니다. Into는 '~안으로'라는 뜻을 가진 부사인데, 무언가의 안으로 노력을 쏟아부어 넣는 모습을 상상해보세요. 의미가 더 잘 와닿죠?

참, put은 현재, 과거, 과거분사형이 모두 같은 동사이므로 문맥에 따라 시제를 파악하면 됩니다.

이렇게 써보세요

● We put a lot of efforts into this project.
우리는 이 프로젝트에 엄청나게 공을 들였다.

● Put some efforts into your homework.
숙제 좀 제대로 해.

● He didn't put any effort into painting this picture.
그는 이 그림을 그리는 데 전혀 노력을 기울이지 않았다.

116 It's mind-blowing.
정신이 아득해져요.

미국에서 블랙핑크는 얼마나 잘나가고 있을까요?

The video that had the record before you guys was Ariana Grande's *thank u, next*.
블랙핑크 전에 기록을 세웠던 비디오는 아리아나 그란데의 'thank u, next'였죠.

We all watched that.
그건 우리 모두 봤어요.

Oh my gosh, we have a video that hit the record in the US.
와, 우리 영상이 미국에서 기록을 세웠다니.

It's mind-blowing.
너무 엄청나서 정신이 아득해져요.

🔗 BlackPink Talks Coachella, US Tour, New Music, Being Haunted By Ghost & More 5:50

덕질로 배우는 표현

record	기록, 음반
oh my gosh	(감탄할 때 쓰는 표현) 와, 맙소사
mind-blowing	정신이 아득해질 정도로 너무나 놀라운

 인지도가 높은 아이돌 그룹이 신곡을 발표하면 많은 사람들이 기다렸다는 듯이 단숨에 몰려와서 뮤직 비디오를 보기 때문에 종종 신기록이 나와요.

 그래도 최고의 여가수라는 아리아나 그란데의 기록을 깨다니! 엄청나네요. 로제가 '굉장히 놀랐고 엄청나다'라는 뜻으로 mind-blowing이라는 단어를 사용했어요. 말 그대로 마음을 날려버릴 정도, 정신이 아득해질 정도의 느낌일 때 씁니다. 부정적인 상황에서는 쓰지 않고, 긍정적인 의미를 가지고 있어요.

이렇게 써보세요

● The concert was mind-blowing.
그 공연은 정신이 나갈 정도로 멋졌다.

● I don't know how he can do that. His magic is just mind-blowing.
대체 그런 걸 어떻게 하는지 모르겠어. 그 사람의 마술은 그야말로 엄청나.

● The special effects in this movie are mind-blowing.
이 영화의 특수 기술은 까무라칠 정도로 엄청나.

117

It's a very empowering song.
들으면 크게 힘이 나는 노래예요.

블랙핑크의 음악이 왜 많은 사람들의 공감을 얻는지 알아봅시다.

 What can you tell me about *Kill This Love*?
'킬 디스 러브'에 대해서 무얼 말해줄 수 있나요?

 The title kind of speaks for itself.
It's a very empowering song.
설명 안 해도 바로 알 수 있는 제목이죠.
들으면 힘이 솟구치는 노래예요.

 It's about killing toxic love that hurts us and makes us vulnerable and weak, and finding ourselves in love that makes us confident and comfortable.
우리에게 상처를 주고 우릴 약하게 만드는 나쁜 사랑에 관한 노래이고, 우리를 자신감 있고 편안하게 해주는 사람을 찾아가는 것에 관한 노래입니다.

🔗 BlackPink Talks Coachella, US Tour, New Music, Being Haunted By Ghost & More 6:14

덕질로 배우는 표현

speak for itself	들으면 저절로 알 수 있다, 자명하다
toxic	독성이 있는, 고약한
vulnerable	취약한
empower	권한을 주다, 힘을 실어주다

 '킬 디스 러브'는 가사가 정말 마음에 와닿아요. 연애를 할 때 그 관계가 해롭다는 걸 알면서도 감정 때문에 벗어나지 못한 경험을 저도 해본 적이 있어서요.

 어떤 노래의 가사가 나에게 말을 거는 것처럼 느껴지고 감정을 자극하면 마음의 위안이 되죠. 힘이 나기도 하고요.

'힘을 돋운다, 실어준다'고 할 때는 empower라는 동사를 사용합니다. 접두사 em-에는 '~안에'라는 뜻이 담겨 있어서 power(힘) 안에 있는 상태가 되는 거니까, empower는 '힘이 솟게 하거나 권력을 부여하다'라는 의미가 되죠. 이 동사의 끝에 -ing를 붙인 empowering은 '힘을 불어넣어주는, 힘나게 만드는'이라는 뜻의 형용사입니다.

이렇게 써보세요

● This event will empower women.
　이 이벤트는 여자들에게 힘을 줄 거예요.

● This necklace is an empowering item.
　이 목걸이는 힘이 나게 하는 물건이다.

● Positive thinking is empowering.
　긍정적인 생각은 힘을 준다.

261

It's so surreal.
정말 비현실적이에요.

코첼라 무대에는 얼마나 많은 사람들이 모였을까요?

 Is it wild to look into the crowd and not being able to see the end of it?
끝이 보이지 않는 관객을 바라보니까 정말 말도 안 되지요?

 It's so surreal. It doesn't hit me.
정말 초현실적이에요. 실감이 안 나요.

I still don't feel like they were there for us.
아직도 저 분들이 우리를 보러 여기 왔다는 게 실감나지 않아요.

Even though it was our concert, I felt like they were there for some other artists after us.
우리들의 공연이었지만, 다음에 나올 다른 아티스트를 보려고 온 건가, 하는 느낌이 들 정도였어요.

🔗 BlackPink Talks Coachella, US Tour, New Music, Being Haunted By Ghost & More 7:36

덕질로 배우는 표현

wild	거친, 길들여지지 않은, 믿기 힘든
surreal	초현실적인, 이 세상 일(말) 같지 않은
even though	설사 ~일지라도
some other	다른

 코첼라는 미국에서 열리는 가장 규모가 큰 음악 페스티벌이에요. 전 세계 사람들이 이 행사를 보려고 몰려드는데 저도 언제 한번 가보고 싶네요.

 유튜브에 올라온 블랙핑크 코첼라 영상을 보니까 진짜 엄청나더라고요. 멤버들은 공연을 하면서도 이게 꿈인가 생시인가, 하는 생각이 들었을 것 같아요.

 그래서 제니가 surreal(초현실적인)이라는 단어를 사용했나 봅니다. 접두사로 자주 쓰이는 sur는 super와 비슷한 의미로 '~을 넘어선, 초월한'이라는 뜻이 있어서 sur(초월한)+real(현실적인), 즉, 현실을 넘어서 초현실적이라는 의미가 있습니다.

이렇게 써보세요

● Meeting my favorite star was surreal.
내가 가장 좋아하는 스타를 만났는데 꿈인가 진짜인가 싶었다.

● The scenery was so amazing, almost surreal.
그 풍경은 너무 아름다워서 현실 같지 않아 보였다.

● The magic show was surreal. Are you sure it wasn't real magic? 그 마술 쇼는 초현실적이었어. 확실히 진짜 마술이 아니었던 거야?

263

119
How did you break out of it?
그 상태를 어떻게 벗어났어요?

리사가 귀신 들렸던 경험을 털어놓고 있습니다.

That day I was so tired, and I was sleeping alone.
그날 전 너무 피곤해서 혼자 자고 있었어요.

Suddenly I heard someone banging on the wardrobe.
근데 갑자기 누가 옷장 두드리는 소리를 들었죠.

I wanted to see it, but I couldn't open my eyes. I couldn't move.
확인하고 싶었지만 눈을 뜰 수가 없었고, 움직일 수도 없었어요.

How did you break out of it?
그 상태를 어떻게 벗어났어요?

I screamed and woke up.
소리를 지르면서 일어났어요.

🔗 BlackPink Talks Coachella, US Tour, New Music, Being Haunted By Ghost & More 10:58

264

덕질로 배우는 표현

bang on ~	~을 두드리다
wardrobe	옷장
open one's eyes	눈을 뜨다

 자다가 귀신 들린 경험이 있다니! 옆에 아무도 없는데 귓가에 웃음소리가 들리면… 으으, 생각만 해도 끔찍하네요.

 소리를 질러서 벗어났다니 다행이죠?

어떤 상황에서 빠져나올 때 쓸 수 있는 표현은 break out of예요. 단어 그대로 '어떤 것을 깨고 밖으로 나온다'는 뜻입니다. 참고로, of란 단어를 빼고 break out이라고만 하면 '병이나 전쟁이 발발하다'라는 전혀 다른 의미가 되니까 주의하세요.

이렇게 써보세요

- I want to break out of my bad habits.
  난 나쁜 버릇에서 벗어나고 싶어.

- They planned to break out of prison, but they failed.
  그들은 감옥에서 탈출하려는 계획을 세웠지만 실패했다.

- He needs to break out of his daily routine and try something new. 그는 판에 박힌 일상을 깨고 새로운 것을 시도할 필요가 있다.

265

120 I have no idea.
전혀 모르겠어요.

주변 사람들이 리사에게 호기심 어린 질문을 던집니다.

 Do you have any theories?
(어떻게 귀신에 홀리게 됐는지) 혹시 그럴 듯한 이론이 있나요?

 I don't know. Maybe someone just followed me.
모르겠어요. 누가 그냥 저를 따라왔을지도 모르죠.

 Oh, it's scary.
아, 무서워요.

 Does it feel like somebody around you?
주변에 있는 어떤 사람 같은 느낌이었나요?

 I have no idea. But I want to talk to him or her and ask.
전혀 모르겠어요. 하지만 그 사람에게 물어보고 싶어요.

🔗 BlackPink Talks Coachella, US Tour, New Music, Being Haunted By Ghost & More 11:26

덕질로 배우는 표현

theory	이론
follow ~	~를 따라오다
somebody around ~	~주변의 사람 (누군가)

 자다가 이상한 소리를 듣게 되면 무서워요. 주변에서 무슨 일이 생긴 건 아닐지. 그렇지만 일어나서 확인할 용기는 없고, 그냥 모르는 채로 다시 잠을 청해요.

 '모르겠다'고 할 때 I don't know.라는 표현이 제일 먼저 떠오르겠지만 I have no idea.도 굉장히 많이 쓰여요. 같은 표현을 계속 반복하면 어휘 력이 부족해 보일 수 있으니까 리사가 처음에는 I don't know.를, 두 번 째에는 I have no idea.를 쓴 것처럼 비슷한 의미를 가진 다양한 표현을 번갈아가며 사용하면 좋습니다.

이렇게 써보세요

● Don't ask me. I have no idea.
나한테 묻지 마. 전혀 모르겠어.

● She has no idea how much he cares about her.
그 사람이 자기를 얼마나 아끼는지, 그녀는 전혀 몰라.

● You have no idea how much it costs.
이게 얼마나 비싼지 넌 전혀 모르는구나.

Step Out!
안녕하세요, 스트레이 키즈입니다!
8명의 멤버가 모여서 다채로운 모습을
보여주는 스트레이 키즈는 강렬한
비트, 파워풀한 안무와 랩, 중독성
있는 멜로디를 가진 음악으로 전 세계
팬들을 사로잡고 있습니다.
팀의 리더인 방찬과 리드 래퍼/댄서인
필릭스가 호주 출신이라, 영어
인터뷰를 들어보면 우리에게 익숙한
미국식 영어와는 또다른 매력을 느낄
수 있습니다.

승민·한·아이엔·리노
필릭스·방찬·현진·창빈

It's not so bad.
별로 나쁘지 않아요.

쇼 호스트가 보편적인 이야기로 서서히 인터뷰를 시작합니다.

What is it like getting around?
There's so many of you.
돌아다닐 때 어때요? 멤버들이 많은데.

We all live together. It's not so bad.
저희는 합숙을 해요. 별로 나쁘지 않아요.

Because we have two cars.
It seems like there're a lot of people.
왜냐하면 차가 2대거든요. 사람이 많아 보이지만

But we feel so close to each other.
It's like one big family.
서로 무척 가까워요. 대가족 같답니다.

🔗 Stray Kids Talk Double Knot (English Version), District 9 Tour, Being a
Stray Kid 1:27

덕질로 배우는 표현

get around   돌아다니다
seem like ~   ~처럼 보이다
close to each other   서로에게 가까운

 스트레이 키즈에는 8명의 멤버가 있는데, 미국의 보이 밴드들은 상대적으로 멤버 수가 적기 때문에 쇼 호스트에게는 그게 많게 느껴졌나 봐요.

 처음에는 이동할 때 정신이 없었을 수도 있지만, 익숙해지면 아무렇지도 않을 거예요.

그래서 방찬은 It's not so bad.(별로 나쁘지 않아요.)라고 말했죠. 좋다고 말하기는 애매하지만 그렇다고 나쁜 것도 아닌 중간 정도의 상태를 not so bad라고 합니다. 다른 이들이 생각하는 것보다는 괜찮다는 뜻을 전하고 싶을 때도 쓸 수 있고요.

이렇게 써보세요

● It's not so bad to be single.
솔로인 게 그리 나쁘지는 않아.

● They may not look friendly at first, but they're not so bad.
처음에는 친근하게 보이지 않을지도 모르지만, 그렇게 나쁜 사람들은 아니야.

● This is not so bad. I expected worse.
별로 나쁘지 않은데. 더 안 좋은 걸 기대했거든.

271

We've known each other for a very long time.
아주 오랫동안 서로를 알고 지냈어요.

멤버들이 함께 생활한다는 것이 쇼 호스트에게는 생소하게 다가오는 것 같습니다.

Plus, we've known each other for a very long time.
게다가 우리는 아주 오랫동안 서로를 알고 지냈어요.

So, there's nothing to worry about.
그래서 걱정할 것이 없습니다.

You guys live together? What's that like?
멤버들이 같이 산다고요? 같이 살면 어떤가요?

Every night is crazy.
매일 밤 장난 아니죠.

🔗 Stray Kids Talk Double Knot (English Version), District 9 Tour, Being a Stray Kid 1:49

덕질로 배우는 표현

plus	또한, 추가로
nothing	아무것도 아닌 것
every night	매일 밤

 케이팝 아이돌은 멤버가 많든 적든 합숙을 하는 경우가 흔한데, 미국 그룹은 개인 생활을 하는 일이 많은가 봐요.

 나라마다 문화가 다르니까요. 필릭스는 데뷔 전 연습생 시절부터 멤버들과 오랜 시간을 같이 지냈다고 말하며 have known someone for a (very) long time이라는 표현을 썼습니다.

'Have+과거분사'의 현재완료형은 과거에 벌어진 일이 현재까지 영향을 미치고 있을 때 사용하므로, 지금까지 연락 두절이 없이 계속 관계가 유지되고 있음을 알 수 있어요.

단순 과거형은 상대방과 연락이 끊겼거나, 실종되었거나, 사망한 경우 등의 상황에서 사용합니다.

이렇게 써보세요

● They have known each other for a long time, probably since 5. 그들은 오랜 시간 알고 지냈어요. 아마도 5살 때부터였을 걸요.

● I had known him for a very long time. But he stopped talking to me recently.
난 그를 오랫동안 알고 지냈는데, 최근에 나랑 연락을 끊었어.

● We're best friends, right? We've known each other for a long time. 우리 친한 친구지? 오랜 시간 동안 알고 지냈잖아.

273

We had to face challenges.

여러 가지 어려운 과제에 직면해야 했어요.

멤버들이 서로를 알아가고 교감하는 과정이 계속 화제가 되고 있습니다.

 From the reality show, what did you learn about each other?
리얼리티 쇼를 하면서 서로에 관해 무엇을 알게 되었나요?

 Honestly, we knew each other before the whole show even started.
사실은 쇼가 시작되기 전부터 저희는 서로를 알고 있었어요.

The show brought us really close.
쇼 덕분에 서로 많이 가까워지긴 했지만요.

Because we had to face challenges and missions.
왜냐면 우린 어려운 과제, 임무와 맞닥뜨려야 했거든요.

But luckily, in the end, we got to be who we are right now.
하지만 다행히도 결국에는 지금의 우리 모습이 되었죠.

🔗 Stray Kids Talk Double Knot (English Version), District 9 Tour, Being a Stray Kid 2:56

덕질로 배우는 표현

learn about ~	~에 대해 배우다
face challenges	어려운 과제에 직면하다 (맞닥뜨리다)
luckily	다행스럽게도
in the end	결국에는

 스트레이 키즈는 2017년 '엠넷'의 리얼리티 프로그램 「스트레이 키즈」를 통해 알려졌어요.

 각 멤버들이 재능을 펼치면서 누가 탈락하고 데뷔하느냐를 결정하는 과정이 조마조마하고 감동적이더라고요. 가장 마음에 들었던 멤버가 탈락할 뻔했을 때는 마음이 철렁했다니까요.

 방찬은 이 과정에서 많은 일들과 마주하게 되었다고 말하는데, 이럴 경우 face라는 동사로 표현할 수 있어요. 명사로는 '얼굴'이라는 뜻의 face가 동사로 쓰이면 '마주하다, 대면하다, 맞닥뜨리다'라는 의미가 됩니다. 얼굴을 내밀고 직접 나서는 모습을 상상하면 뉘앙스가 잘 와닿을 거예요.

이렇게 써보세요

- You have to face the fact that you failed.
  당신이 실패했다는 사실을 직시해야 합니다.

- We all face hardships in life.
  우리는 모두 살아가면서 이런저런 어려움과 마주한다.

- He couldn't face the reality and ran away.
  그는 현실을 대면하지 못하고 도망가버렸다.

It's got a lot of meanings.
거기에는 많은 의미가 있어요.

'스트레이 키즈'라는 이름에 담긴 의미를 두고 이야기를 나눕니다.

 What does 'Stray Kids' mean?
'스트레이 키즈'는 어떤 뜻입니까?

 It's got a lot of meanings.
거기에는 많은 의미가 있어요.

Anyone could feel astray, right?
누구든 길을 잃은 것 같은 느낌이 들 때가 있어요, 그렇죠?

They could feel hopeless, a bit lost and everyone can be a stray kid.
희망도 없고 방황한다는 느낌이 들 수 있으며, 누구든지 길 잃은 아이가 될 수 있어요.

We're reaching out to those people with our music.
우리는 음악을 통해 그런 사람들에게 손길을 내밀고 있습니다.

🔗 Stray Kids Talk Double Knot (English Version), District 9 Tour, Being a Stray Kid 3:26

덕질로 배우는 표현

astray	길을 잃은
hopeless	희망이 없는
reach out to ~	(도움이 필요한) ~에게 손을 내밀다

 방찬이 meanings라는 복수형을 사용했는데, '의미'라는 것은 추상명사라서 셀 수 없는 것 아닌가요?

 그렇게 생각할 수도 있지만, 영어에서는 셀 수 있느냐, 없느냐를 반드시 그런 기준으로 구분하진 않아요. Meaning은 단수와 복수 둘 다 사용이 가능합니다. 이런 경우는 일일이 외울 수밖에 없어요.

그리고 '~을 가지고 있다'고 할 때 원어민은 have got이라는 표현도 많이 씁니다. Have와 의미 차이는 없고, have는 문어체, have got은 구어체라고 보시면 돼요.

어떤 표현이나 문장이 한 가지 이상의 뜻을 가지고 있는 경우가 많기 때문에 이럴 때는 different meanings(다른 의미들) 혹은 a lot of meanings(많은 의미) 같은 식으로 표현할 수 있습니다.

이렇게 써보세요

● The same word can carry different meanings.
같은 단어라도 다른 의미들을 전달할 수 있다.

● This painting has a lot of meanings. 이 그림에는 많은 의미가 있다.

● Air and heir sound the same, but have different meanings.
Air(공기)와 heir(상속인)는 발음이 같지만 다른 의미를 가지고 있다.

125 I listen to all kinds of music.
저는 모든 종류의 음악을 들어요.

호주에서 자란 필릭스에게 쇼 호스트가 묻습니다.

You grew up in Australia. Why K-pop?
호주에서 자랐는데 왜 케이팝을 선택했나요?

You could have done other stuff.
다른 걸 할 수도 있었을 텐데.

I grew up listening to music whether it was K-pop or pop.
저는 케이팝이든 팝이든 가리지 않고 음악을 들으면서 자랐어요.

I listen to all kinds of music. Listening to K-pop made me think, 전 모든 종류의 음악을 듣습니다. 케이팝을 들으면서 이런 생각을 했어요.

'why not give it a shot? If there's any chance coming by, get ready for it.' 이걸 한번 시도해보면 어떨까? 기회가 올지도 모르니까 준비해보자.

🔗 Stray Kids Talk Double Knot (English Version), District 9 Tour, Being a Stray Kid 4:26

덕질로 배우는 표현

could have ~(동사의 과거분사)	~할 수도 있었는데
whether A or B	A이든 B이든
give ~ a shot	~를 시도해보다

필릭스는 호주 시드니에서 나고 자랐기 때문에 원어민이고, 덕분에 영어 인터뷰에서 대활약을 하고 있어요.

호주 말고 한국을 선택해서 다행이네요. 저의 최애 멤버거든요.

필릭스처럼 어렸을 때부터 다양한 음악을 들으며 해당 분야에 대한 관심을 키운 사람들이 나중에 음악을 하게 되는 경우가 많죠. 필릭스는 '모든 종류의 음악'을 듣는다고 할 때 all kinds of music이라는 표현을 사용했습니다.

kind는 형용사로는 '친절한'이라는 뜻이지만 명사로는 '종류'라는 의미를 가지고 있어요. All kinds of ~(모든 종류의 ~)라는 표현은 알아두면 쓸모가 많답니다.

이렇게 써보세요

● I love all kinds of food.
나는 모든 종류의 음식을 좋아한다.

● There are all kinds of people around the world.
전 세계에는 온갖 종류의 사람들이 있다.

● This department store has all kinds of things.
이 백화점에는 모든 종류의 물건이 있다.

I was into dancing.
저는 춤에 빠져 있었어요.

필릭스를 향한 호기심 어린 질문이 이어집니다.

But you have a pop scene too.
호주에도 팝씬이 있잖아요.

You could have done Australian Idol or something.
호주 아이돌 오디션 같은 데 나갈 수도 있었을 텐데요.

I was into dancing.
저는 춤에 푹 빠져 있었어요.

For me, especially K-pop, how they prepare stages and show all kinds of other stuff, that just really caught my attention.
특히 케이팝의 경우, 무대 준비하는 모습이나 온갖 다양한 것들을 보여주는 모습이 완전히 저의 주의를 끌었어요.

🔗 Stray Kids Talk Double Knot (English Version), District 9 Tour, Being a Stray Kid 4:52

덕질로 배우는 표현

especially   특히
stuff   ~것
catch one's attention   ~의 주의를 끌다 (시선을 사로잡다)

 필릭스는 리드 댄서라서 그런지 춤을 출 때 정말 멋있어요. 어떨 땐 "사람의
관절이 어떻게 저렇게 움직이지?" 싶다니까요. 진짜 춤에 푹 빠져서 즐기
는 게 느껴져요.

 무언가에 흥미를 갖고 빠져 있는 상태를 be into ~이라고 표현할 수 있어
요. 사람, 사물, 유형, 무형의 대상 모두를 into 다음에 넣어 사용할 수 있습
니다.

'아주 푹' 빠져있을 때는 be really into ~, be totally into ~ 이렇게 really나
totally 등을 써서 강조할 수 있고요.

이렇게 써보세요

● I am into American TV shows.
나는 미드에 빠져 있다.

● She is really into Stray Kids.
그녀는 스트레이 키즈에게 푹 빠져 있다.

● He is so totally into her.
그는 그녀에게 완전히 빠져 있다.

They can cut you out.
그들은 당신을 제외시킬 수 있어요.

오랫동안 연습생으로 고생했는데 데뷔하지 못할 수도 있다면, 두려울 수밖에 없겠죠?

 Is there a real fear that you might not debut?
데뷔하지 못할 거라는 두려움이 진짜로 있나요?

 Yes, there is. It's probably different for a lot of companies.
네, 있습니다. 아마 기획사마다 다르겠지만요.

But if they think you don't have the potential any more, they can cut you out.
만약 더 이상 가능성이 없다고 생각한다면 그들은 당신을 제외시킬 수 있어요.

"We don't think you're going to get anywhere," and they say bye-bye.
그들은 우리 생각에 넌 성과를 거두지 못할 것 같다면서 작별을 하게 되죠.

🔗 Stray Kids Talk Double Knot (English Version), District 9 Tour, Being a Stray Kid 6:38

덕질로 배우는 표현

potential	가능성, 잠재력
cut ~ out	~을 잘라내다 (제외시키다)
not get anywhere	아무런 성과도 거두지 못하다
say bye-bye	작별 인사를 하다

 방찬은 JYP에서 7년 동안 연습생을 했다는데, 굉장히 긴 기간이지만 데 뷔를 해서 빛을 봤으니 참 잘됐어요.

 작사, 작곡뿐만 아니라 영어까지 잘하니까 데뷔까지 못 갔으면 섭섭할 뻔했어요.

 그렇죠. 하지만 선택받지 못해서 데뷔 팀에서 제외된 많은 연습생들 을 생각하면 안타깝긴 해요. 인터뷰에서 그런 상황을 설명할 때 방찬 은 cut someone out을 사용했습니다. 말 그대로 누군가를 cut(잘라 내서) out(내보낸다)이란 뜻이니까 '제외하다'라는 의미가 돼요. 동사 exclude(제외하다)와 비슷한 표현입니다.

이렇게 써보세요

● How could they cut you out?
어떻게 그들이 당신을 제외시킬 수 있지?

● His mother cut his son out of her will.
그녀는 유서에서 아들의 이름을 제외시켜버렸다.

● It wasn't my intention to cut them out.
그들을 제외시키는 건 내 의도가 아니었어.

There was a time when I had a lot of people that were close to me.

저도 한때는 저랑 가까운 사람들이 아주 많았어요.

힘들고 어두웠던 과거를 회상하는 방찬의 이야기입니다.

There was a time when I had a lot of people that were close to me.
저도 한때는 저랑 가까운 사람들이 아주 많았어요.

But besides me, everyone else did not make it.
하지만 저를 제외하고는 아무도 꿈을 이루지 못했죠.

I was alone for quite a while and that's when a lot of thoughts came in.
저는 꽤 오랫동안 혼자였고, 그때 많은 생각이 밀려왔어요.

I was in a very dark stage of my life and it was pretty hard.
제 인생에서 굉장히 어두운 시기였고, 많이 힘들었죠.

🔗 Stray Kids Talk Double Knot (English Version), District 9 Tour, Being a Stray Kid 6:42

덕질로 배우는 표현

besides ~	~외에
quite a while	꽤 오랫동안
come in	밀려오다, 들어오다

 케이팝 아이돌의 꿈을 안고 오디션에 합격해도 모두가 데뷔하는 건 아니잖아요. 힘들고 긴 연습생 생활을 거쳐야 하고, 그 중에서도 뛰어난 사람들만이 선발되어 데뷔조로 올라가니까요.

 화려한 케이팝의 어두운 면이죠.

방찬이 힘들었던 과거를 회상할 때 'There was a time when ~'이라는 문장을 사용했습니다. '~할 때가 있었다' 혹은 '한때는 ~했다'는 뜻이에요. 일반적인 '시간'이란 뜻으로 time을 사용할 때는 셀 수 없는 명사지만, '과거의 어떤 때,' '한때'라는 의미로 쓰이면 셀 수 있는 명사가 되어 a time, times 이렇게 단수, 복수로 사용이 가능합니다.

이렇게 써보세요

● There was a time when nobody in America knew about K-pop. 미국에서 케이팝을 아무도 모르던 때가 있었다.

● There were times when we went to parks and played all day. 우리가 공원에 가서 하루 종일 놀던 때도 많았다.

● There was a time when I was just a trainee.
내가 한낱 연습생이었던 시절이 (때가) 있었다.

There may be people who are thinking exactly the same thing.
똑같은 생각을 하는 사람들이 있을지도 모릅니다.

자기 자신에게 진실한 태도를 잃지 않는 것이 대단히 중요합니다.

 How do you stay true to who you are while you share this identity with seven other guys? 다른 7명과 '스트레이 키즈'라는 아이덴티티를 공유하면서, 어떻게 자신의 진실한 모습도 줄곧 잃지 않을 수 있나요?

 Our music, performances and what you see are who we are. 우리의 음악, 숱한 공연, 그리고 사람들이 보는 그대로가 바로 우리 자신이죠.

Everything is really genuine with us. 우리들의 모든 것은 정말 진심에서 우러난 것입니다.

If we have something on our mind, we put it in our songs. 우리 마음에 뭔가가 있다면, 그걸 노래 안에 집어넣지요.

Because there may be people who are thinking exactly the same thing. 왜냐하면 우리와 똑같은 생각을 하는 사람들이 있을지도 모르니까요.

🔗 Stray Kids Talk Double Knot (English Version), District 9 Tour, Being a Stray Kid 8:40

덕질로 배우는 표현

stay true　　　　진실한 모습이나 상태를 유지하다
genuine　　　　진심에서 우러난, 진짜의, 진실한
on one's mind　　~의 마음에

 우리는 사회생활을 하면서 타인에게 다양한 모습을 보여주게 됩니다. 하지만 그게 나의 진실된 모습이 아니라 그저 연기하는 것에 가깝다면 정신적으로 건강하지 않게 될 수도 있겠죠.

 특정한 이미지를 보여줘야 하는 아이돌은 나름의 고충이 있을 것 같아요.
스트레이 키즈는 모든 것을 솔직하게 표현하며 자신을 유지한다고 해요. 덕분에 비슷하거나 같은 생각을 하고 있는 사람들에게 많은 공감을 얻고 있다고 합니다.

우리는 '~와 같다'고 할 때 same이라는 말을 쓰지만 '완전히 똑같다'라고 강조를 하고 싶으면 exactly the same이라고 하면 됩니다.

이렇게 써보세요

● After a year, you still look exactly the same.
　1년이 지났건만 너는 여전히 똑같아 보이는구나.

● You chose exactly the same thing!
　너도 완전 똑같은 것으로 골랐네!

● They arrived at exactly the same time.
　그들은 정확하게 같은 시각에 도착했다.

130 If you know what I mean.
제 말이 무슨 뜻인지 아신다면요.

'길 잃은 아이들'이라는 뜻의 이름 '스트레이 키즈'의 의미를 다시 한 번 생각해봅니다.

 You are 'Stray Kids,' but would you consider each one of you a stray kid?
이름이 '스트레이 키즈'(길 잃은 아이들)인데, 여러분 한 사람 한 사람이 길 잃은 아이라고 생각합니까?

 Yes. If we didn't feel like stray kids, we wouldn't be 'Stray Kids.'
네. 길 잃은 아이로 느끼지 않는다면, 우린 스트레이 키즈가 아닐 거예요.

If you know what I mean.
제 말이 무슨 뜻인지 아신다면요.

Everyone's different but we all share the same dream. 각자가 다르지만, 우리는 같은 꿈을 공유하고 있어요.

That's the reason why we could join up to be 'Stray Kids.' 바로 그 이유 때문에 우리가 한데 모여 스트레이 키즈가 될 수 있었죠.

🔗 Stray Kids Talk Double Knot (English Version), District 9 Tour, Being a Stray Kid 9:34

덕질로 배우는 표현

consider ~(A) ~(B)　　　　　A를 B로(B라고) 여기다
each one of you　　　　　　여러분 한 사람 한 사람, 여러분 각자
that's the reason why ~　　　그것이 ~한 이유이다

 전에 방찬이 말했던 것처럼 누구든지 방황을 하며 길을 잃은 것 같은 경험을 할 수 있기 때문에 스트레이 키즈가 많은 이들의 공감을 이끌어내는 것 같아요.

말을 하고 난 후 상대방이 그 뜻을 알아들었는지 확인하고 싶을 때는 방찬처럼 If you know what I mean(제 말이 무슨 뜻인지 아신다면/무슨 뜻인지 알지?)이라는 표현을 사용할 수 있습니다.

 제가 횡설수설해서 상대방이 말을 잘못 알아들은 것 같은 느낌이 들 때 써도 되나요?

 그럼요. 말이란 찰떡같이 해도 개떡같이 알아듣는 경우가 생길 수 있기 때문에, 오해를 방지하기 위해 가끔씩 이렇게 확인을 해주는 게 좋습니다.

이렇게 써보세요

● I kind of liked it, but also didn't like it. If you know what I mean. 좀 좋긴 했는데 안 좋기도 했어. 내 말이 무슨 뜻인지 알겠어?

● Don't you think he is a little weird? If you know what I mean. 그 남자 좀 이상한 것 같지 않아? 넌 무슨 말인지 알 거야, 그치.

● They are twins but very different. If you know what I mean. 걔네는 쌍둥이인데 엄청 달라. 무슨 뜻인지 알아듣겠지?

We'll invite you next time.
다음번에 초대할게요.

창의성이 발휘되는 뮤비 촬영 과정을 이야기하다가 갑자기 음식이 화제로 튀어
나옵니다.

 Do you have your favorite part of the creative process?
창작하는 과정에서 가장 좋아하는 부분이 있나요?

 Like Han, I also like it when we shoot music videos.
한처럼 저도 뮤직 비디오 찍을 때가 좋아요.

I also love the meal time for music videos.
그리고 뮤직 비디오 찍으면서 먹는 식사도요.

 **It's really good.**
엄청 맛있어요.

 We'll invite you next time.
다음 번에 초대할게요.

🔗 Stray Kids Talk Double Knot (English Version), District 9 Tour, Being a
Stray Kid 14:25

덕질로 배우는 표현

creative process   창작을 하는 과정

shoot   (사진이나 비디오를) 찍다

 케이팝에서는 신곡을 발표할 때 뮤직 비디오가 차지하는 비중이 굉장히 커요. 비주얼을 중요시하는 케이팝 장르의 특징 때문이겠죠?

 그렇죠. 뮤직 비디오를 찍을 때 멤버들이 컨디션을 잘 유지해야 하는데, 그 방법 중에 하나가 맛있는 밥을 먹는 건가 봅니다. 식사에 대해 멤버들이 입을 모아서 감탄하는 걸 보면요.

이때 방찬이 쇼 호스트에게 We'll invite you next time.(저희가 다음번에 초대할게요.)이라고 말했죠. 진짜로 초대하겠다는 의미보다는 예의상 그렇게 말한 거예요. I'll see you next time.(다음에 보자.)라고 말한다고 해서 진짜로 만날 약속을 잡는 것은 아니잖아요? 그것과 마찬가지입니다. Next time이 진짜로 다음번을 의미할 수도 있지만 예의상 쓰이는 경우도 있어요.

이렇게 써보세요

● It didn't go well this time. But you will have better luck next time. 이번에는 잘 안 됐지만, 다음번에는 좀 더 운이 좋을 거야.

● Call me next time you are in town.
다음번에 우리 동네 쪽으로 오면 연락해.

● Next time we see each other, we will have more fun.
다음번에 만날 때는 더 재미있는 시간을 보낼 수 있을 거야.

We share our opinions with our company.

우리는 회사와 의견을 공유합니다.

어느 멤버가 어떤 소절을 부를지 어떻게 결정할까요?

How do you figure out who's going to take which verse?
누가 어느 소절을 부를지는 어떻게 결정하나요?

We share our opinions with our company, JYP.
우리는 소속사인 JYP와 의견을 공유합니다.

3RACHA, when we write our songs and lyrics, sometimes we think about the person singing and write them.
우리 스리라차가 노래를 만들고 가사를 쓰는 경우엔, 때때로 그 부분을 누가 부르게 될지 생각하면서 만들어요.

🔗 Stray Kids Talk Double Knot (English Version), District 9 Tour, Being a Stray Kid 15:42

덕질로 배우는 표현

figure out   생각해내다, 알아내다

verse   노랫말의 소절

lyrics   가사

 스리라차(3RACHA)는 멤버 중 방찬, 창빈, 한으로 구성된 프로듀싱 유닛입니다. 스트레이 키즈의 음악을 담당하고 있으며, 이름은 스리라차 핫소스에서 따왔다고 하네요.

 핫소스라니…. 유닛 이름을 화끈하게 짓고 싶었나 보네요.

직접 곡을 만들 때뿐 아니라, 뮤직 비디오를 찍으면서 장면이나 춤 동작 같은 부분을 결정할 때도 멤버들의 의견이 반영된다고 합니다.

이렇게 '~와 의견을 공유한다'고 할 때는 share an opinion with ~라는 표현을 쓸 수 있어요. 의견은 셀 수 있는 명사이므로 복수형으로도 사용이 가능합니다.

이렇게 써보세요

● Do you have an opinion?
무슨 의견이 있니?

● People have different opinions.
사람들은 다른 의견을 가지고 있다.

● I want to know his opinion.
난 그의 의견이 알고 싶어.

I know what he wants.
그 사람이 무얼 원하는지 알아요.

음악을 창조하는 과정에 관해서 더 많은 이야기가 오갑니다.

What's your favorite part?
가장 좋아하는 창작 과정이 뭐예요?

My part? I'd go with recording the title track.
저요? 타이틀 곡을 녹음하는 거요.

Like what Bang Chan said he thinks about who would fit the best for the part.
방찬 형이 말했듯이 그 파트가 누구한테 제일 잘 맞을지를 생각하죠.

Sometimes Changbin thinks my deep voice suits certain parts.
때로 창빈 형은 제 저음이 어떤 파트에 어울릴지 곰곰 생각해요.

He's like "I know what he wants."
형은 "필릭스가 뭘 원하는지 알아," 그렇게 생각하는 것 같아요.

🔗 Stray Kids Talk Double Knot (English Version), District 9 Tour, Being a Stray Kid 17:04

덕질로 배우는 표현

title track	타이틀곡
fit the best for ~	~에 가장 잘 맞다, ~에 딱 안성맞춤이다
suit	어울리다

 필릭스는 2000년생이라 앳된 모습인데, 입을 여는 순간 깊은 저음의 목소리가 흘러나와서 정말 깜짝 놀랐어요. 동굴 보이스!

 저도요. 랩을 할 때 동굴 보이스의 매력이 사는 것 같아요.

그룹이 곡을 직접 만들면 각 멤버들이 무얼 잘하고, 어떤 걸 원하는지 알 수 있으니까 여러모로 유리하죠. 인터뷰에서 필릭스가 사용한 'what+사람+want'는 '그 사람이 무얼 원하는지' 혹은 '그 사람이 원하는 것'이라는 뜻입니다. 한 덩어리로 생각하시고 주어나 목적어로 쓰면 돼요.

이렇게 써보세요

● I really don't know what you want.
난 네가 정말 무얼 원하는지 모르겠어.

● What she wants for this anniversary is probably a nice necklace. 이번 기념일에 그녀가 원하는 건 아마도 멋진 목걸이일 거야.

● He exactly knew what people wanted.
그는 사람들이 무엇을 원하는지 정확하게 알았다.

We did it step by step.
한 단계씩 차근차근 했어요.

디지털 싱글 Double Knot의 영어 버전이 화제에 올랐습니다.

Double Knot was recorded fully in English.
What was the process?
'Double Knot'을 온전히 영어로 불러서 녹음했는데요, 과정이 어땠나요?

We did it step by step.
한 단계씩 차근차근 했어요.

First of all, we had the original song in Korean.
우선, 한국어로 된 원곡이 있었어요.

And then we had to change all the lyrics to English. 그 한국말 가사를 전부 영어로 바꿔야 했죠.

He translated it all in English.
방찬 형이 전부 영어로 번역했어요.

It was quite hard because I didn't want to change the original meaning of the song.
꽤 어려웠어요. 왜냐면 노래의 원래 의미를 바꾸고 싶지 않았거든요.

🔗 Stray Kids Talk Double Knot (English Version), District 9 Tour, Being a Stray Kid 17:44

덕질로 배우는 표현

fully	완전히
first of all	우선
translate	번역하다

 스트레이 키즈는 2019년 10월 'Double Knot' 원곡을 한국어로 발표했고, 2020년 1월에는 영어 버전이 나왔어요. 뮤직 비디오도 새로 찍었고요.

 같은 노래지만 두 버전은 느낌이 달라요. 영어로 들으면 영어 실력이 향상될 것 같은 느낌이 들기도 하고요. 히히.

 어떤 방법이든 즐겁게 영어 공부를 할 수 있다면 그게 좋은 거죠.

한국어 노래를 영어로 부르려면 우선 번역을 해야 하는데, 어떤 일이든 그에 맞는 단계가 있는 법입니다. 그럴 때는 step by step '한 걸음씩, 단계별로' 진행해야죠. 이 표현에 담긴 '한 걸음 한 걸음'이라는 어감 때문에, 어떤 일을 할 때 날림이 아니라 차근차근 꾸준하게 한다는 긍정적인 인상을 줍니다.

이렇게 써보세요

● You need to take care of it step by step.
그 일은 단계별로 처리해야 해.

● They were getting to the top step by step.
그들은 한 걸음 한 걸음 정상에 다가가고 있었다.

● He learned English step by step.
그는 영어를 차근차근 배웠다.

I have nothing to say.

할 말이 없네요.

'최애 멤버'라는 표현이 슬그머니 떠오르는 대화입니다.

Do you have a bias in your own group?
그룹 내에서 특히 좋아하는 멤버가 있나요?

Nah, we like everyone. We're like one big brotherhood family.
아뇨, 다 좋아요. 저희는 다 형제 같아요.

But who's the cutest, Felix?
그렇지만 누가 제일 귀여워요, 필릭스?

I have nothing to say.
글쎄 할 말이 없네요.

Because everyone's cute in their own way.
다들 나름대로는 귀엽거든요.

🔗 Stray Kids Talk Double Knot (English Version), District 9 Tour, Being a Stray Kid 31:20

덕질로 배우는 표현

bias	최애
nah	아니 (no의 캐주얼한 표현)
in one's own way	자기 나름대로

 스트레이 키즈들은 만 19~22살이에요. 그래서인지 쇼 호스트의 눈에 남동생처럼 귀엽게 보였나봐요.

 30대인 제 눈에도 상당히 귀여워 보이는데요. 그렇지만 아무리 좋은 의도라고 해도 "누가 제일 좋아요?" 같은 질문은 조심해야 합니다. 까딱 잘못 대답하면 누군가의 감정을 상하게 할 수 있거든요. 그래서 필릭스는 I have nothing to say.(할 말이 없네요.)라면서 자연스럽게 분위기를 돌립니다.

'Nothing to ~(동사)'는 '~할 것이 전혀 없다'라는 뜻으로 다양한 상황에서 유용하게 쓸 수 있습니다.

이렇게 써보세요

● **There is nothing to eat.**
먹을 것이 하나도 없다.

● **I have nothing to do this weekend.**
이번 주말에 할 일이 없다.

● **She has nothing to wear for the party.**
그녀는 그 파티에 입고 갈 옷이 하나도 없다.

136 That's the best moment.
그때가 최고의 순간입니다.

데뷔한 이래로 가장 행복했던 경험을 물어봅니다.

Best experience since debuting?
데뷔 이후 가장 좋았던 경험을 뽑는다면요?

First, I'm really happy that we have the name 'Stray Kids.'
먼저 우리가 '스트레이 키즈'라는 이름을 가지고 있어서 정말 좋습니다.

And we're always glad when we meet our fans.
그리고 우리가 팬들을 만날 때 항상 기쁘고요.

That's the best moment ever.
그때가 최고의 순간입니다.

 Stray Kids Talk U.S. Tour, 'Miroh,' + More! | Exclusive Interview 2:18

덕질로 배우는 표현

be happy that ~(절)	~이어서 행복하다, ~이기 때문에 좋다
glad	기쁜

 아이돌은 팬들의 사랑을 먹고 삽니다. 그래서 팬들이 자신을 보러 오고 응원해줄 때 많은 기쁨을 느낀다고 해요.

 저도 좋아하는 아이돌의 공연이랑 팬 사인회에 가면 기뻐요! 서로 좋은 거네요.

 네, 윈윈이죠. 즐겁거나 짜릿한 경험을 하면서 이게 바로 최고의 순간이라는 생각이 들 때 the best moment라는 표현을 쓰면 됩니다. 한국말로 '최고'라고 하면 최상의 것 딱 하나를 뜻하지만, 영어에서는 가장 좋다는 뜻의 the best 뒤에 복수가 와도 전혀 문제 없어요. 그래서 the best friends(굉장히 친한 친구들)라는 표현이 가능하고, 정말 좋았던 순간이 여러 개가 떠오른다면 the best moments라고 해도 됩니다.

이렇게 써보세요

● This is the best moment of my life.
지금이 내 인생 최고의 순간이야.

● When they kissed, it was the best moment in the movie.
그들이 키스했을 때가 그 영화에서 가장 멋진 순간이었어.

● Can you tell me about the best moments in your college life?
당신의 대학 생활 중 가장 좋았던 순간들에 대해 말해줄 수 있어요?

This morning, I kept eating.
오늘 아침에 계속 먹기만 했어요.

외국에 나가면 입맛을 잃고 평소보다 잘 못 먹기도 하지만, 그 반대인 경우도 있죠.

Are you guys eating a lot of food in America?
여러분들 미국에서 음식을 많이 먹고 있나요?

Who eats the most?
누가 제일 많이 먹어요?

It's me. Even this morning, I kept eating.
저요. 오늘 아침에도 계속 먹기만 했어요.

I had a full plate.
한 접시 가득이요.

What did you eat?
그래, 뭘 먹었나요?

Eggs, sausages, and bacon.
달걀, 소시지, 그리고 베이컨이요.

Oh, American bacon is the best. It's so good.
아, 미국 베이컨은 최고예요. 엄청 맛있어요.

🔗 Stray Kids Talk U.S. Tour, 'Miroh,' + More! | Exclusive Interview 4:12

덕질로 배우는 표현

the most	제일 많이
a full plate	가득 찬 접시
so good	무척 좋은

 한국에서는 아침에 아무 음식이나 먹어도 상관없지만, 미국에는 아침 음식이 따로 있어요. 아침 식사만 파는 음식점이 있을 정도로 미국 사람들의 '조식 사랑'은 각별합니다.

 그렇군요. 저는 호텔에서 서양식 아침 식사를 먹어본 적이 있는데 맛있었어요.

 미국에서는 주로 달걀, 소시지, 베이컨, 토스트 등을 먹는데, 베이컨은 기름이 쫙 빠지도록 바삭바삭하게 굽기 때문에 고소하고 식감이 좋아요.

음식이 맛있어서 방찬이 계속 먹었다고 할 때, 'keep ~ing(동사 현재진행형)'을 사용해서 keep eating이라고 했죠? '어떤 행동을 계속한다'고 할 때 쓸 수 있는 유용한 표현이니까 꼭 기억해두세요.

이렇게 써보세요

● Keep practicing and you will get better.
  계속 연습을 하다 보면 나아질 거야.

● She kept studying English, now she is good at it.
  그녀는 영어 공부를 계속했고, 지금은 영어에 능숙하다.

● He can't keep running away from this problem.
  그는 이 문제로부터 자꾸 도망칠 수는 없다.

138 It might have been hard.
어려웠을지도 몰라요.

연습생 시절이 얼마나 고되고 혹독했으면 그냥 포기하고 싶은 생각이 들었을까요?

You write songs and your lyrics are about encouraging your fans.
곡을 직접 만드는데 가사를 보면 팬들의 용기를 북돋우는 내용이에요.

Can you tell everybody how important that is?
그게 얼마나 중요한지 모두에게 말해줄 수 있나요?

When we were trainees, debuting was our dream.
우리가 연습생일 때는 데뷔하는 게 꿈이었어요.

It might have been hard. There were times we wanted to give up.
어려웠을지도 몰라요. 포기하고 싶었던 때도 있었다니까요.

I'm pretty sure our fans have their dreams.
틀림없이 우리 팬들도 나름의 꿈이 있을 겁니다.

They can relate to it as well.
그래서 그들도 공감할 수 있을 거예요.

🔗 Stray Kids Talk U.S. Tour, 'Miroh,' + More! | Exclusive Interview 4:48

덕질로 배우는 표현

encourage	용기를 북돋우다
give up	포기하다
relate to ~	~를 이해(공감)하다, ~에 관련시키다

 한국에는 아이돌이 되고 싶은 사람이 많지만, 연습생들의 이야기를 들어보면 경쟁이 너무 치열한 것 같아요.

 그래서인지 데뷔 자체가 '어려웠을지도 모른다'고 솔직하게 털어놓았을 때, 방찬은 might have been hard라고 했어요. Might는 '~일지도 모른다'라는 뜻으로 'might have + 동사의 과거분사'를 사용하면 과거 사건에 대한 가능성을 예측하는 의미로 쓸 수 있습니다. 번역하자면 '~였을지도 모른다, ~했을지도 모른다' 정도가 되겠네요.

이렇게 써보세요

● He might have done something wrong.
그는 뭔가 잘못을 저질렀을지도 모른다.

● I might have put my wallet on the table.
내가 탁자에 지갑을 놓아두었을지도 모르겠네.

● You might have been the person they were looking for.
네가 그들이 찾고 있는 사람이었던 것 같은데.

I've been with the company for a really long time.
회사에서 아주 오랫동안 있었어요.

소속사에 가장 오래 몸담아왔던 사람은 누구일까요?

Who gets the most love from JYP?
JYP로부터 누가 가장 많은 사랑을 받아요?

Bang Chan.
방찬형이요.

I think it's because I've been with the company for a really long time.
제가 이 기획사에서 아주 오랫동안 있었기 때문에 그런 것 같아요.

Including this year, It would be around 9 years.
올해까지 포함하면 9년 정도 됐네요.

I think he's comfortable with me the most.
He's really nice.
저를 제일 편하게 느끼시는 것 같아요. 무척 잘해주십니다.

🔗 Stray Kids Talk U.S. Tour, 'Miroh,' + More! | Exclusive Interview 9:07

덕질로 배우는 표현

for a really long time	아주 오랫동안
include	포함하다
around ~	~쯤, ~ 정도

 방찬은 작사, 작곡, 춤, 노래, 랩까지 다 소화하는 만능 멤버인데 연습생 생활을 7년이나 했다니 믿기지 않아요.

 재능을 더욱 더 갈고 닦은 다음에 데뷔시키고 싶었나 봅니다. 한 회사에 입사해서 몇 년 있다가 퇴사하는 경우도 흔한데, 방찬 정도면 오래 있었다고 자랑스럽게 말할 수 있겠어요.

과거에 들어와서 현재까지 쭉 있었던 것이므로 이럴 때는 현재완료형(과거의 일이 현재까지 영향을 미침)을 사용합니다. Be 동사에는 '존재하다'라는 의미가 있으므로 'have been in ~(장소)'라고 하면 "~(장소)에 죽 있어왔다(존재해왔다)'는 뜻이에요.

이렇게 써보세요

● I have been in the office since this morning.
오늘 아침부터 쭉 사무실에 있었어요.

● He has been in his room and hasn't come out.
그는 방에 틀어박혀서 나오지 않았어요.

● She hasn't been in this house for a month.
그녀는 한 달 동안 이 집에 없었다.

140

We want to share it with the whole world.

세상 사람들과 나누고 싶습니다.

우리가 만들어내고 있는 이 세계를 온 세상과 공유하고 싶은 것, 궁극의 꿈이랍니다.

What can America learn about you guys through your music?
미국인들은 당신들의 음악에서 스트레이 키즈에 관한 어떤 것을 알 수 있을까요?

(창빈 통역) **K-pop is music, but it's also a world that artists and fans make together.**
케이팝은 음악이지만, 아티스트와 팬이 함께 만들어나가는 세계이기도 합니다.

We're creating stories, a lot of beautiful experiences.
우린 여러 가지 이야기와, 아름다운 경험을 많이 만들어내죠.

This world we are making with our STAY, we want to share it with the whole world.
우리의 '스테이' 팬들과 함께 만들어가고 있는 이 세계를 세상 사람들과 나누고 싶습니다.

 Stray Kids Talk U.S. Tour, 'Miroh,' + More! | Exclusive Interview 12:30

덕질로 배우는 표현

through your music　　　당신의 음악을 통해서
with the whole world　　온 세상과 더불어, 세계 모든 이들과 함께

 케이팝 아이돌은 팬과의 소통을 중요시해요. 스트레이 키즈 유튜브 채
널을 보면 멤버들의 일상이나 생각 같은 것을 알 수 있어서 더 가깝게 느
껴져요.

 유튜브는 전 세계 사람들이 보니까 해외에 진출한 케이팝 아이돌에게는
유용한 도구가 될 수 있겠죠. 아시아, 북미 시장이 전부는 아니니까요.
전 세계라고 할 때는 '전체의'라는 뜻을 가진 whole을 붙여서 the whole
world라고 하면 됩니다. 이 세계는 특정한 것을 지칭하므로 앞에 정관사
the를 꼭 붙인다는 것 잊지 마시고요.

이렇게 써보세요

● The news shocked the whole world.
　그 소식은 전 세계를 깜짝 놀라게 했다.

● You are the most important person to me in the whole
　world. 당신은 제게 이 세상에서 가장 중요한 사람이에요.

● The whole world is in danger.
　전 세계가 위험에 처해 있다.

All in Us!
안녕하세요, ITZY입니다!
걸그룹 명가로 불리는
JYP에서 데뷔한 '있지'는
많은 이들의 기대에 걸맞게
2019년에 나오자 마자
폭발적인 반응을 이끌어내며
각종 매체에서 신인상 등을
휩쓸었습니다.
아시아를 넘어 미국에서까지
팬클럽 '믿지'의 사랑을 듬뿍 받으며
인기를 과시하고 있는 '있지'의
영어 인터뷰를 함께 볼까요?

채령·유나·리아·예지·류진

141

As we expected, yesterday was awesome.
예상했듯이 어제는 정말 멋졌어요.

뉴욕으로 날아온 걸그룹 있지, 첫 번째 쇼케이스 투어에 관한 이야기가 오갑니다.

 This is your first time meeting your fans. How was it?
뉴욕의 팬들을 만나러 처음 온 거죠. 어땠나요?

It was our first showcase tour. But we have been here before. 우리의 첫 쇼케이스 투어였어요. 하지만 전에도 뉴욕에 와본 적은 있어요.

So, we knew that there were lots of MIDZYs here waiting for us.
그래서 많은 '믿지'들이 기다리고 있다는 걸 알고 있었어요.

We really wanted to come here and see you guys all.
와서 팬들을 정말 만나고 싶었어요.

As we expected, yesterday was awesome.
예상했듯이 어제는 정말 멋졌어요.

 K-Pop Girl Group ITZY Talks "ITZY? ITZY!", The ITZY Premiere Showcase Tour 3:36

덕질로 배우는 표현

first time	처음, 첫 번째
showcase	공개 행사
before	예전에, 전에도

 '있지'는 데뷔한 지 1년도 안돼서 로스앤젤레스, 미니애폴리스, 휴스턴, 워싱턴 DC, 뉴욕, 미국 대도시를 돌면서 투어를 했어요. 엄청난데요.

 괜히 괴물 신인으로 불리는 게 아니었네요.

공연의 규모가 크건 작건 해외 무대에 선다는 것은 멋진 일입니다. 그래서 리아는 그 느낌을 표현할 때 as we expected(우리가 예상했듯이)라고 했어요. '~했듯이'라는 말을 하고 싶을 때 이렇게 'as+주어+동사'로 이루어진 절(단어가 2개 이상이고 동사가 포함)을 사용하면 됩니다. 상황에 따라 문장의 앞이나 뒤에 쓸 수 있어요.

이렇게 써보세요

● As we talked about it, it will take more time.
그에 관해서 이야기했듯이, 시간이 더 걸릴 거예요.

● The result is quite satisfactory, as I hoped.
내가 바랐듯이, 결과는 상당히 만족스러워.

● As he said, she is a good person.
그가 말했듯이 그 여자는 좋은 사람이야.

142 It doesn't really feel real yet.
아직 현실로 느껴지지 않아요.

갑자기 유명해지면 실감이 잘 안 난다는데, 있지도 그랬을까요?

Has the fame hit yet for you guys?
유명하다는 게 이젠 실감이 납니까?

Actually, for me, it doesn't really feel real yet.
사실 저에겐 아직 현실로 느껴지지 않아요.

Although I am grateful.
감사하게 여기고는 있지만 말입니다.

One of the times when I actually felt it was...
실제로 그걸 느꼈던 적이라고 한다면...

I was having dinner with my family and watching TV and then ITZY suddenly popped up.
가족들과 저녁을 먹으면서 TV를 보고 있었죠. 그런데 갑자기 '있지'가 불쑥 나왔어요.

 K-Pop Girl Group ITZY Talks "ITZY? ITZY!", The ITZY Premiere Showcase Tour 7:36

덕질로 배우는 표현

although	비록 ~이긴 하지만
grateful	감사한
pop up	불쑥 나타나다

 데뷔하고 무명 시절을 오래 겪으면서 고생하는 걸그룹도 많은데, 있지는 데뷔 초부터 대박이 났어요.

 그만큼 데뷔 전부터 준비를 많이 했겠지만, 단기간에 엄청나게 많은 인기를 얻었기 때문에 성공했다는 게 현실임에도 불구하고 어안이 벙벙해서 비현실적으로 느껴질 수도 있겠어요.

무언가가 현실적으로 느껴질 때는 feel real, 비현실적으로 느껴질 때는 feel unreal이라고 표현할 수 있습니다. 접두사 un에는 부정, 반대의 뜻이 있으므로 unreal은 real의 반대말이 되지요.

이렇게 써보세요

- I can't believe this 3D technology. Everything feels real.
  이 3D 기술은 정말 믿기 힘들 정도야. 모든 게 진짜같이 느껴져.

- So much happened in a day that it felt unreal.
  하루 만에 너무나 많은 일이 일어나서 현실같이 느껴지지 않았다.

- This feels real. I found my true love.
  이건 진짜로 느껴져. 나, 진정한 사랑을 찾았어.

143 It was very touching.
무척 감동적이었어요.

있지의 인기곡 '달라달라'가 여러 아티스트에 의해 커버되었던 것이 화제입니다.

There are so many covers out there.
많은 사람들이 '달라달라' 댄스를 커버했잖아요.

Whose cover stuck the most with you?
누구 커버가 가장 기억에 남았죠?

Twice in Idol Room. They did a very short cover of our *Dalla Dalla*.
아이돌 룸에서 트와이스가 한 거요. 아주 짧게 커버하긴 했지만요.

I'm a fangirl of Twice.
저는 트와이스의 팬이거든요.

So, it was very touching that they knew our choreo.
그래서 트와이스가 우리 안무를 알고 있다는 게 무척 감동적이었어요.

🔗 K-Pop Girl Group ITZY Talks "ITZY? ITZY!", The ITZY Premiere Showcase Tour 11:13

덕질로 배우는 표현

stick with ~   ~의 기억에 남다 (달라붙다)
fangirl   여성팬
choreo   choreography(안무)의 줄임말

- -

 있지의 데뷔곡인 '달라달라'가 많은 인기를 얻으면서 수많은 사람들이 댄스 커버를 했어요. 그 중에는 같은 기획사 소속 아티스트인 데이식스와 트와이스의 버전도 있고요.

 어찌 보면 유나는 성덕(성공한 덕후)이네요. 좋아하는 걸그룹이 댄스 커버를 해줬으니.

 그렇죠. 이름이 잘 알려진 스타가 내가 부른 노래를 커버한다면 감동을 받을 것 같아요.

이때 유나는 '감동적'이란 상태를 touching이라고 했어요. 동사 touch(만지다)에서 나온 형용사인데, 마음을 어루만지거나 마음에 닿아서 감동을 느끼는 거라고 생각하시면 됩니다.

사물이나 인물이 '감동을 주는' 경우는 touching, 누군가가 '감동을 받는' 경우엔 touched를 쓸 수 있어요.

이렇게 써보세요

● The movie was so touching. It made me cry.
그 영화는 무척 감동적이어서 나를 울게 만들었다.

● He organized an event for our anniversary. I was touched.
그가 우리의 기념일에 이벤트를 마련해서 감동받았다.

● It was a touching moment. 감동적인 순간이었다.

144 Sometimes you have to believe in yourself a little more.

때로는 자신을 좀 더 믿어야 해요.

있지 소녀들은 믿지와 지구촌 팬들에게 무슨 메시지를 전하고 싶을까요?

What is your message to MIDZY and other fans around the world who are trying to build that confidence within?
그런 내면의 자신감을 키우고 싶은 '믿지'와 전 세계 팬들에게 전해 주고 싶은 메시지는요?

It's important to listen to other people.
다른 사람들의 말을 듣는 것도 중요합니다.

But once you decide what you want to do, sometimes you have to believe in yourself a little more and go for it.
하지만 무얼 하고 싶은지 일단 정했으면, 때로는 자신을 좀 더 믿고 행동으로 옮겨야 해요.

🔗 K-Pop Girl Group ITZY Talks "ITZY? ITZY!", The ITZY Premiere Showcase Tour 14:10

덕질로 배우는 표현

your message to ~	~에게 전하고 싶은 (~를 위한) 당신의 메시지
confidence within	내면(내부)의 자신감
go for it	시도해보다, 감행하다, 추구하다

 They keep talkin', I keep walkin' (그들은 계속 뭐라 하고, 난 계속해서 내 갈 길을 가지). 전 ICY에 나오는 이 가사가 정말 좋아요.

 어떤 일을 하기로 결심했는데 주변에서 그에 반대하는 목소리를 낼 때가 있죠. 하지만 진정으로 원하는 일이라면 흔들리지 말고 나 자신을 믿어야 합니다. 이럴 때는 believe in이라는 표현을 쓸 수 있어요. 그냥 동사 believe만 쓰면 '단순히 (진실을) 믿다'라는 뜻이지만, believe in은 '사물이나 사람을 향한 믿음, 신뢰를 가지다'라는 의미가 됩니다.

이렇게 써보세요

● Do you believe in Santa Clause?
  산타클로스가 진짜 있다고 믿니?

● He needs to believe in himself to complete this mission.
  그가 이 미션을 완수하려면 자기 자신을 믿어야 한다.

● She believes in fairy tales and looks for a man like a prince.
  그녀는 동화를 믿어요. 그래서 왕자님 같은 남자를 찾고 있다고요.

145 I think it'll take time.
시간이 걸릴 것 같아요.

직접 곡을 써본 적이 없는 류진에게 쇼 호스트가 질문을 던집니다.

 Ryujin, would you ever consider doing a mixtape?
류진, 믹스테이프 만드는 걸 고려해볼 마음이 있나요?

 I haven't written or produced my own songs.
전 직접 곡을 쓰거나 프로듀싱을 해본 적이 없어요.

So, I think it'll take time, whether I do it or not.
그래서 믹스테이프를 하게 되든 안 하든, 시간이 걸릴 것 같아요

But if MIDZYs want and there is time and an opportunity, I'll try.
하지만 '믿지' 여러분이 원하고 시간과 기회가 있다면 노력해볼게요.

🔗 K-Pop Girl Group ITZY Talks "ITZY? ITZY!", The ITZY Premiere Showcase Tour 14:48

덕질로 배우는 표현

consider	고려하다
mixtape	믹스테이프, 온라인상에서 공개되는 노래나 앨범
whether ~ or not	~이든 아니든

류진은 랩을 할 때 걸크러쉬 터져요! 믹스테이프도 냈으면 좋겠는데. 아티스트가 곡을 발표하려면 시간이 걸리죠. 이 때 류진은 take time이라고 표현했습니다. 동사 take에는 많은 뜻이 있지만 그 중 하나가 '가지고 가다'이므로, 'take time'이라고 하면 시간을 가져가서 어떤 일에 쓰다, 즉 '시간이 걸리다'라는 의미가 됩니다. 시간이 약간 걸리면 take some time, 시간이 오래 걸리면 take a long time 등으로 활용할 수 있겠죠.

이렇게 써보세요

● Be patient. Everything takes time.
인내심을 가져라. 모든 일에는 시간이 걸리는 법이다.

● Making dinner will take some time.
저녁을 만드는 데는 시간이 좀 걸릴 거야.

● It takes a long time to drive to Busan.
부산까지 운전해서 가는 데는 시간이 오래 걸린다.

146 Take your time.

쉬엄쉬엄 하세요.

고된 연습생 시절, 가장 감동적인 조언은 무엇이었을까요?

What was the most important advice that you received?
연습생 시절에 받은 가장 중요한 조언이 뭐였나요?

I got training for quite a long time.
저는 연습생 생활을 꽤 오래 했어요.

And my family, friends and teachers cheered me up a lot.
그리고 제 가족, 친구들, 선생님이 저를 많이 격려해줬는데요.

I was touched when they told me "Take your time."
그들이 저에게 '쉬엄쉬엄 해' 라고 말했을 때 감동받았어요.

🔗 K-Pop Girl Group ITZY Talks "ITZY? ITZY!", The ITZY Premiere Showcase Tour 16:26

덕질로 배우는 표현

receive	받다, 받아들이다
for quite a long time	꽤 (상당히) 오랫동안
be touched	감동을 받다

 아이돌 연습생은 춤과 노래도 열심히 연습해야 하지만, 치열한 경쟁이 일상이잖아요. 정말 힘들 것 같아요.

 그래서 열심히 사는 사람이 지치고 힘들어 보일 때 "쉬엄쉬엄 해."라는 말이 따뜻한 위로가 되나봅니다. 채령의 주변에는 좋은 사람들이 많네요.

인터뷰에서 채령이 사용한 take one's time은 '서두르지 않다'라는 뜻입니다. 상황에 따라서 늑장을 부린다는 부정적인 뉘앙스로도 쓰이기도 해요.

이렇게 써보세요

● It's due at the end of this month. Take your time.
이번 달 말까지 하면 돼. 천천히 해.

● He is really taking his time. Can he hurry up and finish it?
그 친구, 엄청 늑장을 부리고 있어. 서둘러서 끝낼 수는 없을까?

● Take your time reading the contract. There are a lot of details.
시간을 갖고 계약서를 천천히 읽도록 해요. 세세한 사항이 많이 있어요.

We haven't thought about anything in mind.

마음 속에 생각해 둔 건 없어요.

인터뷰 도중 있지 데뷔 1주년 기념일이 화제에 올랐습니다.

What are your wishes for your first anniversary?
1주년 기념일을 맞아 여러분들의 소원이 뭡니까?

We haven't thought about anything in mind.
우리가 마음 속에 생각해둔 건 없어요.

Mine's nothing special.
제 소원도 특별할 게 없고요.

I'd like to take a photo with the members.
멤버들이랑 사진이나 찍고 싶어요.

So we could keep it as a memory.
기억으로 남길 수 있게요.

🔗 K-Pop Girl Group ITZY Talks "ITZY? ITZY!", The ITZY Premiere Showcase Tour 18:14

덕질로 배우는 표현

wish	소원
the first anniversary	1주년 (첫 번째) 기념일
nothing special	특별한 게 아닌 것

 있지는 데뷔 1주년 기념으로 팬들을 위해 브이라이브(연예인 라이브 방송 서비스)를 진행했고, 팬들은 마음을 모아 공항철도 홍대입구역에 기념 축하 영상을 게재했어요. 서로 아껴주는 모습이 훈훈하네요.

 그런 맛에 팬질을 하는 거겠죠.

리아가 '마음 속에' 생각해둔 것이 없다고 할 때 in mind라고 했는데, 말 그대로의 뜻입니다. 이와 비슷하게 생긴 표현으로는 on one's mind가 있어요. 하지만 의미가 다름에도 불구하고 혼동해서 사용하는 분들을 봤습니다. On one's mind는 누군가의 마음에(one's mind)에 어떤 생각이 달라붙어 있어서(on) 계속 신경이 쓰이거나 마음에 걸린다는 뜻입니다.

이렇게 써보세요

● I will keep your advice in mind.
네 충고를 마음 속에 담아둘게.

● What's on your mind?
신경 쓰이는 일이 있니?

● Does he have anyone in mind for the job?
그가 이 일의 적임자로 누군가를 마음 속에 정해놨을까?

148 I'm 100% sure.
100% 확신해요.

앞으로의 계획을 묻는 쇼 호스트에게 리아가 답합니다.

What's next for you guys?
Do you have any comebacks?
다음 계획이 뭔가요? 컴백 계획이 좀 있습니까?

Right before we came to the States for the US tour, we shot our music video for our next comeback.
투어를 위해 미국에 오기 바로 직전에 다음 컴백을 위한 뮤직 비디오를 찍었어요.

And I'm 100% sure that you guys will love it.
저는 우리 팬들이 그걸 사랑해주리라고 100% 확신해요.

🔗 K-Pop Girl Group ITZY Talks "ITZY? ITZY!", The ITZY Premiere Showcase Tour 21:31

덕질로 배우는 표현

right before ~	~하기 직전에
the States	미국
be sure that ~	~일 것이라고 확신하다

 있지가 이 인터뷰에 출연한 게 2020년 1월인데, 곧 이어 3월에 신곡 'Wannabe'를 발표했어요. 노래 가사도 마음에 와 닿고, 뮤직 비디오를 멋지게 만들어서 눈을 뗄 수가 없더라고요.

 리아는 돗자리 깔아야겠네요. 장담했던 대로 'Wannabe'가 4개 음원 차트에서 1위를 했고, 뮤직 비디오 유튜브 조회수는 1억이 넘었으니까요. I'm sure.라고만 해도 뜻은 통했겠지만, 리아는 100%까지 붙여서 I'm 100% sure.(백 퍼센트 확실해요.)라며 강조했습니다. 비슷한 의미를 가진 표현으로는 absolutely sure가 있어요.

이렇게 써보세요

⬤ I'm 100% sure that I made the right decision.
내가 옳은 선택을 했다고 100% 확신해.

⬤ Are you absolutely sure?
절대로 확실하니?

⬤ He is not 100% sure who did it.
누가 그걸 했는지 그는 100% 장담 못한다.

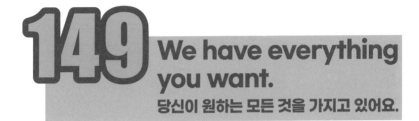

149

We have everything you want.
당신이 원하는 모든 것을 가지고 있어요.

쇼 호스트가 이제서야 '있지'라는 이름의 의미가 궁금해졌던 모양입니다.

 Your name 'ITZY,' what does it stand for and how did it come about? 그룹 이름 '있지'는 무슨 뜻이고, 어떻게 그런 이름이 생기게 됐나요?

 Our name ITZY is actually Korean. In Korean, ITZY means 'to have'.
있지는 사실 한국어에요. '가진다'라는 뜻이죠.

You know how we say 'all in us' in the beginning to you guys? 우리가 처음에 'all in us(우리에겐 다 있어)'라고 구호를 외친 것, 아시죠?

So, our group message is basically we have everything you want in us.
그래서 저희 그룹의 메시지는 기본적으로, '우린 당신이 원하는 모든 것을 가지고 있다'예요.

I also think the spelling itself is really catchy and cool.
게다가 스펠링도 기억하기 쉽고 진짜 쿨하다고 생각해요.

🔗 K-Pop's ITZY Spill on Beyonce, Teach Us ICY & Dalla Dalla Dances, & More 1:20

덕질로 배우는 표현

stand for	상징하다, 의미하다
come about	생기다, 일어나다
catchy	기억하기 쉬운, 귀에 쏙쏙 들어오는

 '있지'란 이름, 정말 잘 지은 것 같아요. '너희가 원하는 거 전부 있지? 있지!' 노래에서 묻어나는 자신감, 여리여리함부터 걸크러쉬까지 걸그룹에서 기대할 수 있는 모든 매력을 지녔다고 생각해요.

 게다가 멤버들이 영어까지 잘하죠.

리아는 '당신이 원하는 모든 것'을 everything you want라고 표현했어요. 'Everything (that) 주어+동사'는 '주어가 ~하는 모든 것'이라는 뜻을 가진 명사절입니다. 이 절은 주어 혹은 목적어로 사용이 가능하고요. 어떤 동사를 끼워 넣느냐에 따라 무궁무진하게 활용할 수 있습니다.

이렇게 써보세요

● She can't get everything she wants.
그녀는 원하는 것을 모두 다 얻을 수는 없다.

● Tell me everything you know.
네가 아는 것을 모두 말해봐.

● He writes down everything he eats every day.
그는 매일 먹는 모든 것을 적어놓는다.

150 It's funny to think of it now.
지금 그걸 생각하면 웃기죠.

리아가 연습생 첫 날을 회상합니다.

 First day as a trainee?
연습생으로서의 첫 날은 어땠나요?

 I went there right after school.
수업이 끝나자 마자 달려갔죠.

It was a dance lesson for everybody.
모두와 함께 하는 춤 레슨이었어요.

I knew no one. It was a total disaster for me.
아는 사람이라곤 하나도 없었고, 완전 끔찍했어요.

I couldn't do anything.
아무것도 할 수 없었거든요.

I started crying and other trainees and my girls gave me tissues and helped me out.
저는 울음을 터뜨렸고 다른 연습생들과 (지금의) 있지 멤버들이 휴지를 주면서 도와줬어요.

It's funny to think of it now.
지금 생각하면 웃기죠.

 Itzy Firsts NME 3:30

덕질로 배우는 표현

a total disaster   완전히 끔찍한 일 (참사, 재난)

right after school   수업이 끝나자 마자 곧바로

help ~ out   (곤경에 처한) ~를 도와주다

 리아에게 그런 시절이 있었다니 상상이 안 되네요. 직캠 영상을 보면 자신감 넘치고 여유 있는 미소까지 지어보이는데.

 그래서 인생이 재미있는 것 같아요. 연습생 첫 날을 엉망진창으로 보냈다 하더라도 그게 꼭 앞날을 결정하지는 않으니까요.

리아가 과거를 회상하면서 웃긴다고 할 때 funny라고 말했죠. Funny와 fun 두 단어의 사용법을 헷갈려 하는 사람들이 제법 많습니다. 하지만 알고 보면 굉장히 간단해요. 형용사로 funny는 '웃긴', fun은 '재미있는'입니다. Fun이 명사로 쓰일 땐 '재미'라는 뜻도 가지고 있고요.

이렇게 써보세요

● This show is really funny.
이 쇼는 진짜 웃긴다니까.

● The movie was fun to watch.
보기에 재미있는 영화였다.

● He is a fun person, but not funny.
그 남자는 재미있는 사람인데, 웃기지는 않아.

진저의 K-POP 영어

초판 1쇄 인쇄 2020년 9월 3일
초판 2쇄 발행 2022년 4월 18일

지 은 이 조향진(진저)
펴 낸 이 권기대
펴 낸 곳 베가북스
총괄이사 배혜진
편   집 임용섭, 박석현, 신기철
디 자 인 김민영
마 케 팅 황명석, 연병선
경영지원 지현주

출판등록 2004년 9월 22일 제2015-000046호
주   소 (07269) 서울특별시 영등포구 양산로3길 9, 201호
주문 및 문의 (02)322-7241 **팩스** (02)322-7242

ISBN 979-11-90242-56-1 13740

※ 책값은 뒤표지에 있습니다.
※ 좋은 책을 만드는 것은 바로 독자 여러분입니다.
　베가북스는 독자 의견에 항상 귀를 기울입니다.
　베가북스의 문은 항상 열려 있습니다.
　원고 투고 또는 문의사항은 vega7241@naver.com으로
　보내주시기 바랍니다.

홈페이지 www.vegabooks.co.kr
블로그 http://blog.naver.com/vegabooks
인스타그램 @vegabooks　페이스북 @VegaBooksCo　이메일 vegabooks@naver.com